最后冲刺试卷

2022 教师招聘考试 终极密押12卷

参考答案及解析

中学语文

山香教师招聘考试命题研究中心　主编

最后冲刺试卷

2022
教师招聘考试
终极密押12卷
中学语文

山香教师招聘考试命题研究中心　主编

扫码免费领取：
①精选20套历年真题(带答案解析)
②山香独家内部讲义
③考试资讯第一时间获悉，从容准备，不错失每一次机会
④备考交流群，山香专业老师互动答疑，打卡督促学习

免费领取方式：
①扫码关注公众号
②回复备考省份

图书在版编目(CIP)数据

教师招聘考试最后冲刺试卷．中学语文 / 山香教师招聘考试命题研究中心主编．-- 北京 ：首都师范大学出版社，2014.10(2021.12重印)

ISBN 978-7-5656-2139-0

Ⅰ．①教…　Ⅱ．①山…　Ⅲ．①中学语文课-教学法-中学教师-聘用-资格考试-习题集　Ⅳ．①G451.1-44

中国版本图书馆CIP数据核字(2014)第233462号

教师招聘考试最后冲刺试卷
ZHONGXUE YUWEN
中学语文
山香教师招聘考试命题研究中心　主编

策划编辑　张文强
责任编辑　曹亮亮　王慕飞　　　封面设计　山香教育
首都师范大学出版社出版发行
地　　址　北京市西三环北路105号
邮　　编　100048
咨询电话　010-68418523(总编室)　010-68982468(发行部)
网　　址　http://cnupn.cnu.edu.cn
印　　刷　河南黎阳印务有限公司
经　　销　全国新华书店
版　　次　2014年10月第1版
印　　次　2021年12月第12次印刷
开　　本　787mm×1092mm　1/16
印　　张　9.5
字　　数　240千
定　　价　35.00元

善其事　利其器

教师招聘考试简称招教，是我国公开招聘教师的选拔性考试，其目的是为教育行政部门录用优秀教师提供参考。近年来，随着国家对教育事业支持力度的加大和教师地位的提升，教师这一职业越来越受到广大毕业生的欢迎。同时，随着国家对教师职业要求的提高和考试人数的增多，成功"上岸"的难度也越来越大，考试多得一分，人生道路就会不同。选择一套高质量的试卷可以使考生多得几分，多一份成功的把握。

为方便广大考生在备考中能够找准考试突破点，梳理考点，把握考查趋势，在较短时间内有效提高应试能力，山香教育研发团队在深入研究各省历年真题的基础上，精心编写了本套试卷。本试卷具有以下鲜明特点：

1. 依据考情，精编试题

本试卷由山香教育研发团队在研究教师招聘考试考情和真题的基础上，依据实用、高效的原则，精心编写而成。内容布局合理，难度适中，契合考情。通过练习本试卷可以帮助考生全面熟悉教师招聘考试考查的特点和命题趋势，为考生的复习备考指明方向，直击考试要点。

2. 内容全面，重点突出

本试卷注重对应考人员进行高频知识的梳理和解题技能的训练，内容涵盖教材大部分知识点，同时突出各部分的重点和难点，点面俱到，使考生复习备考更具有针对性，从而达到事半功倍的效果。

3. 深度解析，触类旁通

本试卷的答案解析不仅给出了参考答案，同时对相应的考点进行详细、独到、启发性极强的剖析。特别注重解题思路的规范和指导，以期达到全面提升考生应试能力的目的。

相信通过本套试卷的学习，广大考生最终的冲刺一定会有实质性的提高。预祝每位考生考试成功。

由于水平和时间有限，本试卷难免有疏漏之处，敬请读者批评斧正。

编　者

目　录

参考答案及解析单独成册

绝密★启封前　　　　姓名________　　准考证号________

教师招聘考试最后冲刺试卷(一)

中学语文

(时间150分钟　满分150分)

本套试卷共29小题,包括单项选择题(10小题)、填空题(10小题)、古文鉴赏题(4小题)、文本阅读与教学设计题(4小题)、作文题(1小题)。

一、单项选择题(本大题共10小题,每小题2分,共20分)

1. 下列词语中加点的字,读音全都正确的一项是(　　)

第1题

A. 扉页(fēi)　笨拙(zhuō)　潜意识(qián)　剑拔弩张(nǔ)

B. 祛除(qū)　祈求(qǐ)　国庆档(dàng)　咄咄逼人(duó)

C. 惩处(chěng)　藤蔓(wàn)　好莱坞(wù)　叱咤风云(chà)

D. 衍生(yǎn)　剽窃(piáo)　压舱石(cāng)　毋庸置疑(wù)

2. 对下列句子所用修辞手法及其作用的理解有误的一项是(　　)

A. "吹面不寒杨柳风",不错的,像母亲的手抚摸着你。(运用比喻,形象地表现了春风的柔和、温暖,增强了感染力)

B. 我觉得我简直诧异得要爆炸了,这样残酷无情的诬蔑!(运用夸张,突出了"我"诧异的程度,表明对手的指控完全是诬蔑)

C. 海自己醒了,喘着气,打着呵欠,伸着懒腰,抹着眼睛。(运用拟人和排比,形象而具体地表现出海潮初涨时大海的各种情态)

D. 由于平时胡花乱用而堕落为贪污犯、盗窃犯的,不是在"三反""五反"斗争中曾经发现过吗?(运用反问,加重语气,强调了揭露贪污犯、盗窃犯的重要性)

3. 下列各项中,没有语病的一项是(　　)

A. "个性化定制"旅行方案的出行方式日趋受到欢迎,尤其这种能够"玩出创意""玩出个性"的方式,对于年轻消费者表现出极大的兴趣。

B. 以"伟大历程辉煌成就"为主题的纪念中华人民共和国成立的展览在北京拉开帷幕,该展览采用编年体的形式为主全方位回顾了中国人民走过的辉煌历程。

C. 国际互联网虽然给我们带来了不少商务、交通上的便利,但是我们对网上信息的真实性和安全性越来越怀疑。

D. 新冠肺炎疫情来势汹汹,严重威胁全人类的健康与福祉,也暴露了全球公共卫生治理上的短板,凸显了推进全球公共卫生治理体系改革的必要性。

4. 下列文学常识表述有误的一项是(　　)

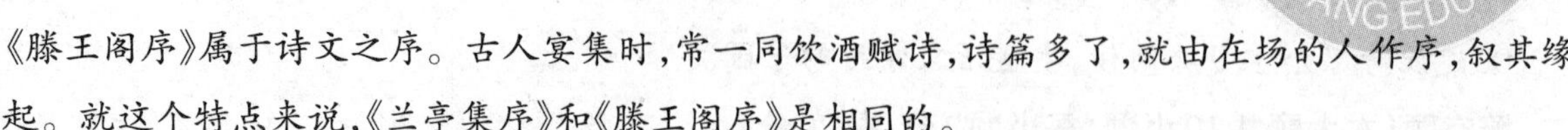

第4题

A.《归去来兮辞》是篇辞赋。辞是一种形式比较自由灵活的古体韵文,篇幅长短不限,句子以四言六言为主而允许有错落参差,一般都比较讲求文采,内容上以抒情为主;常在句子中间或结尾添加语气助词"兮"以调节音律。

B.《滕王阁序》属于诗文之序。古人宴集时,常一同饮酒赋诗,诗篇多了,就由在场的人作序,叙其缘起。就这个特点来说,《兰亭集序》和《滕王阁序》是相同的。

C. 庄子的散文在先秦诸子中具有独特的风格。大量采用并虚构寓言故事,善用比喻,想象奇特,富于浪漫主义色彩。庄子的写作风格对后代有巨大的影响,李白纵浪恣放的诗篇,可以说是直承《庄子》。

D. 小说反映社会生活的主要手段是塑造人物形象。小说中的人物,我们称为典型人物;这个人物是作者根据想象创作出来的,他不同于真人真事,"杂取种种,合成一个",通过这样典型的人物形象反映生活,更集中、更有代表性。

5. 下列对古代文化知识的解说,不正确的一项是(　　)

A. 六礼,古代在确立婚姻过程中的六种礼仪,即纳采、问名、纳吉、纳征、请期、亲迎。

B. 车裂,古代的一种酷刑,用五辆车把人体撕裂致死,俗称"五马分尸"。

C. 三秦,指关中地区。项羽破秦入关,把关中之地封给秦军三位降将,故得名。

D. 阳,指水南、山北;阴,指水北、山南。如"华山之阳"指的就是华山的北面。

6. "满纸荒唐言,一把辛酸泪。都云作者痴,谁解其中味?"这是下列哪部作品的开篇词(　　)

A.《红楼梦》　B.《西厢记》　C.《汉宫秋》　D.《梧桐雨》

7. 以下关于《义务教育语文课程标准》(2011年版)中总目标的表述错误的一项是(　　)

第7题

A. 语文课程标准规定学生要认识3500个左右常用汉字,能正确工整地书写汉字。

B.《义务教育语文课程标准》(2011年版)中有关总目标的规定前五条侧重宏观角度,后五条侧重具体描述。

C. 总目标强调了在教学过程中教师的主体地位。

D. 语文课程是实践性课程,在语文课程总目标中得到了充分的凸显。

8. 下列不属于《普通高中语文课程标准》(2017年版)学科核心素养的一项是(　　)

A. 语言建构与运用　B. 思维发展与提升

C. 审美鉴赏与创造　D. 文化继承与发展

9.《义务教育语文课程标准》(2011年版)提出:具有日常口语交际的基本能力,学会倾听、表达与交流,初步学会运用口头语言文明地进行人际沟通和社会交往。下列对"学会倾听"理解正确的一项是(　　)

A. 恰当运用语音、语态和体势语。　B. 能够对对方的话语及时作出应答。

C. 能够感知不同个体发出的声音。　D. 耐心专注,理解对方观点和意图。

10. 下列关于《普通高中语文课程标准》(2017年版)中“跨媒介阅读与交流”任务群学习目标与内容说法不正确的一项是(　　)

A. 掌握利用不同媒介获取信息、处理信息、应用信息的能力。

B. 知道信息来源的多样性、真实性,辨识媒体立场,多角度分析问题,形成独立判断。

C. 不应过多关注当代网络文学和网络文化。

D. 建设跨媒介学习共同体,丰富语文学习的手段。

二、填空题(本大题共10小题,每小题2分,共20分)

11. 风急天高猿啸哀,____________。(杜甫《登高》)

12. ____________,孰能无惑?(韩愈《师说》)

13. ____________,郁郁青青。(范仲淹《岳阳楼记》)

14. 浩荡离愁白日斜,____________。(龚自珍《己亥杂诗》)

15. 鲁迅的《______》是中国最早的现代白话小说。

16. 我国第一位______(题材)诗人是______(朝代)的陶渊明,他“不为五斗米折腰”的气节让人赞叹。

17. “四书”“五经”是儒家的主要经典;其中,“四书”即《论语》《孟子》《______》和《______》。

18. 《______》是中国文学史上第一部长篇叙事诗,《______》则代表了汉代五言诗的最高成就。

19. 九年义务教育语文课程目标分为总目标和阶段目标,体现了语文课程的________和________。

20. 语文教学评价要坚持定性评价和______评价相结合,语文学习应更重视______评价。

三、古文鉴赏题(本大题共4小题,共10分)

阅读下面的文言文,回答21～24题。

冯跋,字文起,幼而懿重少言,宽仁有大度。三弟皆任侠,不修行业,惟跋恭慎,勤于家产,父母器之。慕容熙[注]即伪位,跋犯熙禁,惧祸,乃与其诸弟逃于山泽。时赋役繁数,人不堪命,跋兄弟谋曰:“熙今昏虐,兼忌吾兄弟,既还首无路,不可坐受诛灭。当及时而起,立公侯之业!”遂潜入龙城,杀熙,立高云为主。云署跋为使持节、录尚书事。义熙五年,云为其幸臣所杀。众推跋为主,乃僭称天王于昌黎,而不徙旧号,即国曰燕,赦其境内。初,慕容熙之败也,工人李训窃宝而逃,赀至巨万,行货于马弗勤,弗勤以训为方略令。既而失志之士书之于阙下碑,冯素弗言之于跋,请免弗勤官,仍推罪之。跋曰:“弗勤宜肆诸市朝,以正刑宪。但大业草创,彝伦未叙,弗勤拔自寒微,未有君子之志,其特原之。李训小人,污辱朝士,可东市考竟。”于是上下肃然,请赇路绝。遣使巡行郡国,孤老久疾不能自存者,振谷帛有差。昌黎郝越、营丘张买成、何纂以贤良皆擢叙之。跋励意农桑,勤心政事,乃下书省徭薄赋,力田者褒赏。每遣守宰,必亲见东堂,问为政事之要,令极言无隐,以观其志,于是朝野竞劝焉。跋下书曰:“圣人制礼,送终有度。重其衣衾,厚其棺椁,将何用乎?人之亡也,精魂上归于天,骨肉下归于地,朝终夕坏,无寒暖之期,衣以锦绣,服以罗纨,宁有知哉?厚于送终贵而改葬皆无益亡者有损于生是以祖考因旧立庙皆不改营陵寝申下境内自今皆令奉之。”又下书曰:“武以平乱,文以经务,宁国济俗,实所凭焉。自顷丧难,礼崩乐坏,闾阎绝讽诵之音,后行无庠序之教,子衿之叹复兴于今,岂所以穆章风化,崇阐斯文?可营建太学。”跋至元嘉七年死。

(选自《晋书·卷一百二十五·载记第二十五》,有删改)

【注】慕容熙:鲜卑族,后燕末代皇帝。

21. 下列对文中画波浪线部分的断句,正确的一项是(　　)(2分)

A. 厚于送终/贵而改葬/皆无益/亡者有损于生/是以祖考/因旧立庙皆不改营/陵寝申下境内/自今皆令奉之。

B. 厚于送终/贵而改葬/皆无益亡者/有损于生/是以祖考/因旧立庙/皆不改营陵寝/申下境内自今/皆令奉之。

C. 厚于送终/贵而改葬/皆无益/亡者有损于生/是以祖考因旧立庙/皆不改营/陵寝申下境内自今/皆令奉之。

D. 厚于送终/贵而改葬/皆无益亡者/有损于生/是以祖考因旧立庙/皆不改营陵寝/申下境内/自今皆令奉之。

22. 下列对文中加点词语的相关内容的解说,不正确的一项是(　　)(2分)

A. 伪位,非正统的帝位,史家视后燕为僭伪政权,但仍肯定其有一定的历史地位。

B. 东市,本指城东市肆,汉代在长安东市公审重犯,后以之代指司法审判的场所。

C. 郡国,汉代行政区域和诸侯封域名,二者地位相当而并称,此指地方行政区域。

D. 子衿之叹,文中指对当时社会遭逢祸乱以致教育废弛、学绝道丧的状况的忧虑。

23. 下列对原文有关内容的概述,不正确的一项是(　　)(2分)

A. 冯跋获罪于后燕皇帝慕容熙,担心被害,与兄弟逃匿深山;时课役甚重,百姓苦不堪言,加之个人处境危殆,遂与兄弟决议主动起事,成就大业。

B. 马弗勤收受李训贿赂,任命他为方略令,此事被人告发;冯跋念及大业草创,治国常道尚没有颁行,而弗勤出身寒微,未有君子之志,宽恕了他。

C. 冯跋在统治期间,勤于政务,选贤任能;施行仁政,体恤百姓,扶老济困;轻徭薄赋,减轻人民负担;奖励农桑,积极发展生产,恢复社会经济。

D. 冯跋每次派员出任地方之前,一定会在东堂亲自召见,并传授为政的经验,命其也畅所欲言,以了解其志向,于是朝廷官员备受鼓舞,更加奋勉。

24. 把文中画横线的句子翻译成现代汉语。(4分)

(1)三弟皆任侠,不修行业,惟跋恭慎,勤于家产,父母器之。

(2)武以平乱,文以经务,宁国济俗,实所凭焉。

四、文本阅读与教学设计题(本大题共4小题,共50分)

(一)阅读下面的材料,回答25~26题。

爱莲说

周敦颐

水陆草木之花,可爱者甚蕃。晋陶渊明独爱菊。自李唐来,世人甚爱牡丹。予独爱莲之出淤泥而不染,濯清涟而不妖,中通外直,不蔓不枝,香远益清,亭亭净植,可远观而不可亵玩焉。

予谓菊,花之隐逸者也;牡丹,花之富贵者也;莲,花之君子者也。噫!菊之爱,陶后鲜有闻。莲之爱,同予者何人?牡丹之爱,宜乎众矣。

25. 文本解读。

(1)请简述材料中作者是如何使用"象征"这一修辞手法的。(5分)

(2)除了"象征"手法外,作者还使用了哪种表达方式?表达了作者什么样的思想境界?(5分)

26. 教学设计题。(教学对象为七年级学生)

(1)如果你要为学生讲解这篇课文,请你设计本次教学的导入语。(7分)

(2)请说明本次教学的教学目标和教学重难点。(8分)

(二)阅读下面的文章,完成27~28题。

老　王

杨　绛

我常坐老王的三轮。他蹬,我坐,一路上我们说着闲话。

据老王自己讲:北京解放后,蹬三轮的都组织起来;那时候他"脑袋慢","没绕过来","晚了一步",就"进不去了"。他感叹自己"人老了,没用了"。老王常有失群落伍的惶恐,因为他是单干户。他靠着活命的只是一辆破旧的三轮车。有个哥哥,死了,有两个侄儿,"没出息",此外就没什么亲人。

老王只有一只眼,另一只是"田螺眼",瞎的。乘客不愿坐他的车,怕他看不清,撞了什么。有人说,这老光棍大约年轻时候不老实,害了什么恶病,瞎掉一只眼。他那只好眼也有病,天黑了就看不见。有一次,他撞在电杆上,撞得半面肿胀,又青又紫。那时候我们在干校,我女儿说他是夜盲症,给他吃了大瓶的鱼肝油,晚上就看得见了。他也许是从小营养不良而瞎了一眼,也许是得了恶病,反正同是不幸,而后者该是更深的不幸。

有一天傍晚,我们夫妇散步,经过一个荒僻的小胡同,看见一个破破落落的大院,里面有几间塌败的小屋;老王正蹬着他那辆三轮进大院去。后来我坐着老王的车和他闲聊的时候,问起那里是不是他的家。他说,住那儿多年了。

有一年夏天,老王给我们楼下人家送冰,愿意给我们家带送,车费减半。我们当然不要他减半收费。每天清晨,老王抱着冰上三楼,代我们放入冰箱。他送的冰比他前任送的大一倍,冰价相等。胡同口蹬三轮的我们大多熟识,老王是其中最老实的。他从没看透我们是好欺负的主顾,他大概压根儿没想到这点。

"文化大革命"开始,默存不知怎么的一条腿走不得路了。我代他请了假,烦老王送他上医院。我自己不敢乘三轮,挤公共汽车到医院门口等待。老王帮我把默存扶下车,却坚决不肯拿钱。他说:"我送钱先生看病,不要钱。"我一定要给他钱,他哑着嗓子悄悄问我:"你还有钱吗?"我笑着说有钱,他拿了钱却还不大放心。

我们从干校回来,载客三轮都取缔了。老王只好把他那辆三轮改成运货的平板三轮。他并没有力气运送什么货物。幸亏有一位老先生愿把自己降格为"货",让老王运送。老王欣然在三轮平板的周围装上半寸高的边缘,好像有了这半寸边缘,乘客就围住了不会掉落。我问老王凭这位主顾,是否能维持生活,他说可以凑合。可是过些时老王病了,不知什么病,花钱吃了不知什么药,总不见好。开始几个月他还能扶病到我家来,以后只好托他同院的老李来代他传话了。

有一天,我在家听到打门,开门看见老王直僵僵地镶嵌在门框里。往常他坐在蹬三轮的座上,或抱着冰伛着身子进我家来,不显得那么高。也许他平时不那么瘦,也不那么直僵僵的。他面色死灰,两只眼上都结着一层翳,分不清哪一只瞎,哪一只不瞎。说得可笑些,他简直像棺材里倒出来的,就像我想象里的僵尸,骷髅上绷着一层枯黄的干皮,打上一棍就会散成一堆白骨。我吃惊地说:"啊呀,老王,你好些了吗?"

他"嗯"了一声,直着脚往里走,对我伸出两手。他一手提着个瓶子,一手提着一包东西。

我忙去接。瓶子里是香油,包裹里是鸡蛋。我记不清是十个还是二十个,因为在我记忆里多得数不完。我也记不起他是怎么说的,反正意思很明白,那是他送我们的。

我强笑说:"老王,这么新鲜的大鸡蛋,都给我们吃?"

他只说:"我不吃。"

我谢了他的好香油,谢了他的大鸡蛋,然后转身进屋去。他赶忙止住我说:"我不是要钱。"

我也赶忙解释:"我知道,我知道——不过你既然来了,就免得托人捎了。"

他也许觉得我这话有理，站着等我。

我把他包鸡蛋的一方灰不灰、蓝不蓝的方格子破布叠好还他。他一手拿着布，一手攥着钱，滞笨地转过身子。我忙去给他开了门，站在楼梯口，看他直着脚一级一级下楼去，直担心他半楼梯摔倒。等到听不见脚步声，我回屋才感到抱歉，没请他坐坐喝口茶水。可是我害怕得糊涂了。那直僵僵的身体好像不能坐，稍一弯曲就会散成一堆骨头。我不能想象他是怎么回家的。

过了十多天，我碰见老王同院的老李。我问："老王怎么了？好些没有？"

"早埋了。"

"呀，他什么时候……"

"什么时候死的？就是到您那儿的第二天。"

我没再多问。

我回家看着还没动用的那瓶香油和没吃完的鸡蛋，一再追忆老王和我对答的话，琢磨他是否知道我领受他的谢意。我想他是知道的。但不知为什么，每想起老王，总觉得心上不安。因为吃了他的香油和鸡蛋？因为他来表示感谢，我却拿钱去侮辱他？都不是。几年过去了，我渐渐明白：那是一个幸运的人对一个不幸者的愧怍。

27. 文本解读。

(1)为什么作者一家对老王那样的不幸者能那么关心、爱护？社会地位、生活条件比较优越的人往往瞧不起卑微者，要有什么精神才能像作者那样尊重人、理解人、关心人?(6分)

(2)这篇写人记事的散文，材料琐碎，但是经过作者的组织，成为一个有机整体。作者是怎样组织的?(4分)

28. 教学设计。(教学对象为七年级学生)

(1)请为本文教学设计重难点。(6分)

(2)请结合文章8～16自然段进行片段教学设计，具体分析老王的人物形象。(9分)

五、作文题(本大题共50分)

29. 阅读下面的材料，根据要求写作。

材料一：时代楷模黄文秀2016年硕士研究生毕业后，自愿回到革命老区工作，主动请缨到贫困村担任驻村第一书记。她时刻牢记党的嘱托，赓续传承红色传统，立下脱贫攻坚任务"不获全胜、决不收兵"的铿锵誓言。她自觉践行党的宗旨，为村民脱贫致富倾注了全部心血和汗水，乃至献出了年仅30岁的宝贵生命。

材料二：2020年的全国先进工作者张玉滚在大学毕业后，放弃在城市工作的机会，回到家乡，从一名每月拿30元钱补助、年底再分100斤粮食的民办教师干起，一干就是17年。学校地处偏僻，路没修好时，他靠一根扁担，一挑就是5年，把学生的课本、文具挑进了大山。他是这里的全能教师，手执教鞭能上课，掂起勺子能做饭，握起剪刀能裁缝，打开药箱能治病。由于常年操劳，"80"后的他，鬓角斑白，脸上布满皱纹。

请结合材料内容，站在教师的角度为高三的动员大会写一篇演讲稿，表达你对"青春与价值"的理解和看法。

要求：选好角度，确定立意，自拟标题；不要套作，不得抄袭；不得泄露个人信息；不少于800字。

绝密★启封前　　　　　　　　　　　　　姓名______　　准考证号________

教师招聘考试最后冲刺试卷(二)

中学语文

(时间150分钟　满分150分)

本套试卷共40小题,包括单项选择题(10小题)、填空题(10小题)、判断题(10小题)、古代诗歌阅读题(3小题)、现代文阅读题(4小题)、文本解读与教学设计题(2小题)、作文题(1小题)。

一、单项选择题(本大题共10小题,每小题2分,共20分)

1. 下列各句中,没有错别字的一项是(　　)

第1题

A. 无论青春韶华,抑或耄耋之年,一个人都应结合人生去读书,去融汇贯通,去深深体会蕴藏在文字后面的历史真实、人心善良和隽永绵长的审美情韵。

B. 风靡各大城市的共享单车给大众出行带来了便利,但共享单车乱停乱放,妨碍交通,成为城市"烂疮疤",则与共享的初衷背道而驰。

C. 中国梦应是一幅多维度的篮图,它需要以更加宽广的胸怀包容各种文化思潮的交融碰撞,需要弘扬源远流长的中华文明,传承优秀璀璨的中国文化。

D. 历经千年沧桑,觥筹交错的场面早已湮没于历史深处,但留存至今的一件件青铜器足以让人们浮想联篇,去回味那个钟鸣鼎食的时代。

2. 下列各句中,没有语病的一项是(　　)

A. 他在新作《世界史》的前言中系统地阐述了世界是个不可分割的整体的观念,并让相关理论在该书的编撰中得到实施。

B. 自1993年进入老龄化社会以来,我市老龄化速度加快。据统计,我市60周岁以上的老龄人口已达到145.6万,占总人口的17.7%,老龄人口高于全国平均水平。

C. 本书首次将各民族文化广泛载入中国文化通史,但就其章节设置、阐释深度等方面依然有很大的改进空间。

D. 今年,辽宁农信继续推进"阳光信贷工程",致力于为农户打造公开透明、规范高效的信贷绿色通道,切实解决广大农民"贷款难"的问题。

3. 下列各句中,标点符号运用正确的一项是(　　)

A. 弹幕通常是对屏幕中剧情的即时评论,短小精悍。评论内容五花八门,崇拜、感叹、剧透、调侃、吐槽,也包含了"前方高能反应""美爆了""劝你善良"等弹幕文化的常用语。

B. 从一处古墓,一些美玉,到一片宫殿,再到完善的水坝……良渚遗址在几代考古人的努力下,最终形成了如今令人欣喜的规模。

C. 中国曾被称为"诗的国度",所谓"不学诗,无以言。"祭拜祖先需要唱诗,登高望远需要题诗,好友分别需要赠诗,入仕为官需要考诗……

D. 中国如何锻造一批哪吒这样的少年?这不只需要宽容的社会环境,还需要摆脱应试教育思维。哪吒们自己则需要足够强大、坚持得足够久。

4. 19世纪30年代以后,欧美文学的主流着力于表现社会生活、关注社会问题、揭示社会矛盾、批判社会罪恶。属于这一文学主流的名著是(　　)

第4题

A.《大卫·科波菲尔》　　B.《老人与海》

C.《巴黎圣母院》　　D.《等待戈多》

5. 下列作家、作品、年代、体裁搭配有误的一项是(　　)

A. 曹操——《观沧海》——东汉末年——古诗

B. 王湾——《次北固山下》——唐朝——五律

C. 白居易——《钱塘湖春行》——唐朝——七律

D. 马致远——《天净沙·秋思》——元代——诗

6. 下列关于文学常识的表述,有误的一项是(　　)

第6题

A. 宋词是一种新体诗歌,是宋代文学成就的代表。因是和乐而作的歌词,故又称曲子词、乐府、乐章、长短句、琴趣等。

B. 起初宋词多用来寄情山水,或者歌以明志。苏轼是文人抒情词传统的最终奠定者,陈师道用"以诗为词"评价苏词,道出了苏词革新的本质。

C. 辛弃疾的词艺术风格多样,以豪放为主,其词多抒写力图恢复国家统一的爱国热情,倾诉壮志难酬的悲愤,又善化用典故入词。

D. 词具有很强的节奏感和音乐性,句式错落有致,长短悬殊。小令便于写景、叙事和抒情的交互融合,而长调则显得轻灵飞动。

7. 下列关于《普通高中语文课程标准》(2017年版)有关内容表述错误的一项是(　　)

A. 语文课程应引导学生在虚拟的语言运用情境中,通过自主的语言实践活动,积累言语经验。

B. 语文课程应发展思辨能力,提升思维品质,培养社会主义核心价值观,培养高尚的审美情趣,积累丰厚的文化底蕴,理解文化多样性。

C. 普通高中语文课程,应使全体学生在义务教育的基础上,进一步提高语文素养,形成良好的思想道德修养和科学人文修养。

D. 培养学生热爱中华文明、热爱祖国、热爱人民、热爱中国共产党的深厚感情,以及热爱美好生活和奋发向上的人生态度。

8. 下列不属于高中语文教学建议的是(　　)

A. 发挥语文课程的独特功能,促进学生语文学科核心素养全面发展。

B. 充分理解学习任务群的特点，处理好学习任务群之间的关系。

C. 提高课程开发与运用的能力，实现学生与课程同步发展。

D. 整体把握必修和选修课程，加强课程之间的衔接和统整。

9. 下列选项中，不属于必修课程的是(　　)

A. 整本书阅读与研讨　　B. 语言积累、梳理与探究

C. 文学阅读与写作　　D. 中华传统文化经典研习

10. 某教材《威尼斯商人》一课有这样的练习题：一、仔细阅读课文，把握全篇的剧情，展开想象补充一些细节，把本文改写成一则故事。二、鲍西娅是在什么情况下出场的？又是怎样解决这场冲突的？试分析她的性格特点。

第10题

对上述练习题的设计意图分析不正确的一项是(　　)

A. 加深对人物形象的理解。　　B. 关注对语言的品味与探究。

C. 有根据地进行想象性的写作。　　D. 促进写作与阅读的有机结合。

二、填空题(本大题共10小题，每小题1分，共10分)

1. ____________，然后天梯石栈相钩连。(李白《蜀道难》)

2. 艰难苦恨繁霜鬓，____________。(杜甫《登高》)

3. 穷且益坚，____________。(王勃《滕王阁序》)

4. 举酒属客，____________，歌窈窕之章。(苏轼《赤壁赋》)

5. “三吏三别”是唐代诗人________创作的现实主义诗歌。

6. 古代汉字的“六书”是指象形、指事、________、________、转注、假借。

7.《罪与罚》的作者是________。

8.《义务教育语文课程标准》(2011年版)明确指出：语文课程是一门学习语言文字运用的________、________课程。

9. 学习任务群以自主、合作、探究性学习为主要学习方式，追求语言、____________、技能和____________、文化修养等多方面、多层次目标发展的综合效应。

10. 语文课程评价要综合发挥检查、____________、反馈、____________、甄别、____________等多种功能，不宜片面强调评价的甄别和选拔功能。

三、判断题(本大题共10小题，每小题1分，共10分)

1. 汉字形体演变的次序是：甲骨文、金文、大篆、小篆、隶书、楷书。(　　)

2. 词的义项既可以是能够独立运用的语义单位，也可以是只能参与组合的语义单位。(　　)

3.《诗经》是我国第一部浪漫主义诗歌总集。(　　)

4. 二十四史：从《史记》到《清史》的二十四部纪传体史书。(　　)

5. 古代帝王祭祀时，牛羊豕三牲全备为“太牢”，只有羊豕没有牛为“少牢”。(　　)

6. 古人把“坐北朝南”的位置认为是尊位，反之为卑位，因此“北面”有称臣的意思。(　　)

7. “迁”是古代官吏调动常用的词语，表示升官之意常用“右迁”一词。(　　)

8. 意大利评论界把薄伽丘的《十日谈》和但丁的《神曲》相媲美，称之为“人曲”。(　　)

9. 语文课程是一门学习祖国语言文字运用的综合性、实践性课程。工具性与人文性的统一，是语文课程的基本特点。(　　)

10. 绝对性评价是对学生整体素质的判断和分析，是甄选人才的重要方式。(　　)

四、古代诗歌阅读题(本大题共3小题，共9分)

阅读下面的诗歌，完成1～3小题。

杂　诗

(西晋)王赞

朔风动秋草，边马有归心。
胡宁久分析，靡靡忽至今。
王事离我志，殊隔过商参[①]。
昔往鸧鹒[②]鸣，今来蟋蟀吟。
人情怀旧乡，客鸟思故林。
师涓[③]久不奏，谁能宣我心？

【注】①商参：二十八宿之中的两个，永不同时出现于天空中。②鸧鹒：又作仓庚，指黄莺。③师涓：先秦时代卫国的著名乐师。

1. 下面关于这首诗的理解和赏析，不正确的一项是(　　)(2分)

A. 首二句以写秋景起笔，不仅写出了悲凉肃杀的时令特点，也流露出“思归”意绪。

B. 三至六句自述战事不断，导致自己与亲人阴阳相隔，强烈控诉了战争的残酷无情。

C. 第十句与“羁鸟恋旧林，池鱼思故渊”使用的手法相似，都是以物类比自身情感。

D. 诗歌最后两句的感叹，表达出征夫内心的痛楚、郁结，以及那说不尽的思乡之情。

2. 以下评价适用这首诗歌的一项是(　　)(2分)

A. 雄浑豪放　　B. 沉郁壮阔　　C. 悲伤低沉　　D. 华美绚丽

3. 宋代洪咨夔在《促织》诗中“水碧衫裙透骨鲜，飘摇机杼夜凉边。隔林恐有人闻得，报县来拘土产钱”，借“促织”发挥，言在此而意在彼。本诗“昔往鸧鹒鸣，今来蟋蟀吟”两句借“蟋蟀”抒情又有所不同。请分析它们在内容情感方面表达的不同之处。(5分)

五、现代文阅读题(本大题共4小题,共20分)

阅读下面的文章,回答问题。

草木故园

彭家河

①比起人丁,乡下的草木已日渐兴旺。

②乡村其实是属于草木的,村民本是不速之客。在发现有水有树后,那一队队从猿一路迁徙成人的村民们便驻扎下来,开始日出而作,日落而息,谈婚论嫁,生儿育女。于是,乡村便改变成了另一种模样。正是由于村民们的到来,那些山山岭岭、沟沟坪坪便也同时有了名字,成为村民们最朴素的方位标识。

③彭家是我们那个家族聚居的一个小山坪,村里最古老的那棵柏树要七八个青壮年伸手才合围得住。浓密的树枝遮蔽了树下的山坡,树下一年四季都是干燥干净的,没有草木能在它的身下生长,粗大的树干也没有人能攀爬。老家的房屋后面有三棵古老的柏树。每天晚上,从远处的西河或者嘉陵江里劳作一天的白老鹳回来后,都要在树上吵闹一会儿才肯睡觉,听着那些声音,我便会梦到很远很远的地方。

④风雨过后,我家房顶上便落满了白老鹳粪和长长短短的枯树枝,有时还有些鱼骨头,我爹便把那些粪扫下来堆在一起,作自留地里的底肥,那些树枝和圆圆黑黑的柏树果便撮回灶屋烧锅煮饭。每年夏天的晚上,村里都会刮几次大风,听着房顶上呼啸的风声,我不怕房顶上的瓦被风揭走,却怕那些大树顺风倒下来砸着我家的破瓦房,于是我不敢入睡。然而就在恐惧之中,我却一次又一次地慢慢睡着了。

⑤那些古树个个巍峨挺拔,村民们路过时都要仰望才看得到树枝。在我上小学的时候,有一棵大树为了全村的族人,作出了最后的牺牲。村里要通电了,要永远告别柴木取火的时代了。然而我们村除了树多就是人穷,哪里找钱买电线电杆呢?村里大大小小开了几天会,决定砍掉一棵古树。

⑥那树在我家的东面。在挖浮土的前夜,村上找来德高望重的长者在树下烧了纸、杀了鸡、点上香,祭祀这棵树后,第二天一早才动工。我们周围的大人小孩便围着那树张望,那棵树也有两三个成年人合抱那么粗了。村里木匠专门找来一根一米多长的钢锯条,为古树做了一个特大号的锯子,几个青壮年坐在树的两边,轮流使劲拉锯。在来回的锯齿中,热腾腾的金黄锯末便在一颗颗雪亮的锯齿间落下,很快就在树干的两边积了一大堆。看着那两堆细软的散发着热气的锯末,我仿佛看到那是树里流出的血。半个时辰过后,那宽大的锯条还卡在粗壮的树干中间,仿佛咬在树干上的一排锋利牙齿。周围的大人小孩都端着饭碗过来看看,嘴里啧啧地说:“这树真大。”“长了几千年,能不大吗?哪个人能活这么久呢?”

⑦那棵大柏树在几天后便支离破碎了,中间的树干也成了一段段的木料,这些上等的木料都先后运出了村,有的换成了电线,有的变成了电杆。那棵大柏树的根也慢慢挖出了一些,那个巨大的有一人多深的大坑也填平了,种上了胡豆。每次看到那里长出的开着紫黑小花的矮矮胡豆,我便想起那个地方曾经站着的巨大的柏树。

⑧房前屋后全都是树和竹子,这些我都心中有数。后檐有棵柚子树,东面路边有棵紫薇树,房子后面还有几棵大柏树。多年没有回家,这些东西依然清楚。然而,多年没有回家打扫院坝,不少不知名的草也慢慢侵过屋外的石板,蓬勃向前。

⑨与我的老家一样,李家湾、蒲家湾、杨家山的那些院落也慢慢人去屋空。老的去世了,年轻的外出打工去了,年幼的也跟上年轻的父母进城当上了农民工子弟。他们在乡下的家园也日渐荒芜,还给了草木。那些没有砍下的树,那些没有除掉的草,又慢慢地,静静地,把曾经撕开的伤口一点一点缝合,把曾经的人世悲欢一点一点地掩埋。

⑩回望老家,草木葱茏。

(选自《在川北》,有删改)

1.下列对这篇文章相关内容与艺术特色的分析鉴赏,不正确的一项是(　　)(3分)

A.第②段写乡村属于草木,有水有树才有了村民的扎根与繁衍,照应题目,为下文写草木与村民生活的关系以及“我”的情感张本。

B.③④两段围绕树叙写老家生活留给“我”的印象。文中既写出了树与人、鸟相处的状况,也暗示了树对“我家”造成的实际威胁。

C.第⑥段中,”我仿佛看到那是树里流出的血”一句,作者从生命体验的角度,表达了大柏树被村民锯出锯末时”我”内心的剧痛。

D.第⑧段中写道,“后檐有棵柚子树,东面路边有棵紫薇树,房子后面还有几棵大柏树”,可以看出“我”对老家的记忆非常清晰。

2.解释下列语句在文中的含义。(6分)

(1)热腾腾的金黄锯末便在一颗颗雪亮的锯齿间落下。

(2)他们在乡下的家园也日渐荒芜,还给了草木。

3.第⑥段所叙写的祭祀大柏树这件事,反映了村民什么心理?请简要分析。(5分)

4.请根据文本,理解文末“回望老家,草木葱茏”这句话的含义。(6分)

六、文本解读与教学设计题(本大题共2小题,共31分)

1. 阅读下面的课文,写300字左右的鉴赏文章。(11分)

记承天寺夜游

苏　轼

元丰六年十月十二日夜,解衣欲睡,月色入户,欣然起行。念无与为乐者,遂至承天寺寻张怀民。怀民亦未寝,相与步于中庭。庭下如积水空明,水中藻、荇交横,盖竹柏影也。何夜无月?何处无竹柏?但少闲人如吾两人者耳。

2. 请根据《义务教育语文课程标准》(2011年版)的内容,为《记承天寺夜游》这篇文章设计一个完整的教学简案。(20分)

七、作文题(本大题共50分)

阅读下面的材料,按要求作文。

一位记者问钢琴大师格拉夫曼,在教了许多中国学生,造访中国将近四十次后,对中国琴童及其家长,有没有特别想说的话。格拉夫曼说:“我觉得中国人太强调竞争,尤其要争第一,而且在日常生活中就不自觉地强调这种观念。”竞争,难道不是必要的吗?争做第一,难道还有什么不好吗?

你对上述问题有何看法?请就此写一篇文章表明你的态度,体现你的思考与权衡。

要求:选好角度,确定立意;明确文体,自拟标题;不要套作,不得抄袭;不少于800字。

绝密★启封前　　姓名______　　准考证号______

教师招聘考试最后冲刺试卷(三)

中学语文

(时间120分钟　满分100分)

本套试卷共23小题,包括单项选择题(12小题)、填空题(1小题)、文言文阅读题(4小题)、现代文阅读题(4小题)、诗词鉴赏题(1小题)、作文题(1小题)。

一、单项选择题(本大题共12小题,每小题2分,共24分)

1. 下列各组词语中,加点字的读音完全相同的一组是(　　)

A. 堤堰/偃旗息鼓　　抚摸/老骥伏枥　　菲薄/流言蜚语

B. 典押/鸦雀无声　　荆棘/岌岌可危　　忸怩/交通枢纽

C. 匾额/一叶扁舟　　火钵/生机勃勃　　麦糟/人声嘈杂

D. 漂泊/水泊梁山　　叱骂/牝鸡司晨　　凌侮/诲人不倦

2. 下列各句中,加点成语使用正确的一项是(　　)

第2题

A. 清明假期,人们纷纷离开都市,走进乡野,踏青赏花,草行露宿,充分享受大自然给他们带来的野趣。

B. 今天的这盘围棋,吴昊下得洋洋洒洒,没给对手一点喘息的机会,真不愧经过了三年的正规训练。

C. 张宗胜来到海边,望洋兴叹:"如果自己三年前不能从阴影中走出来,哪会有如今的成就啊!"

D. 他们两家既然已成秦晋之好,李淑芬遇上困难,娘家解囊相助,也是自然的。

3. 下列各句中,没有语病的一项是(　　)

第3题

A. 企业在市场上的竞争表面上看是品牌、产品、价格、服务的竞争,实质上却是所有企业员工的品质和心态的竞争。

B. 从医学角度看,早餐在供应血糖方面起着重要的作用,不吃或少吃早餐,会使血糖不断下降,造成思维减慢、反应迟钝、低血糖休克,甚至出现精神不振。

C. 首届"书香之家"颁奖典礼,设在杜甫草堂古色古香的仰止堂,当场揭晓了书香家庭、书香校园、书香企业、书香社区等获奖名单。

D. 石油和天然气价格的不断上涨,引起消费者信心指数连续下降,造成工农业生产成本大幅提高,给世界经济复苏蒙上了一层阴影。

4. 依次填入下面一段文字横线处的语句,衔接最恰当的一项是(　　)

闹境中读书,可贵的是心境。______。______,______。______;______;______。

①读书可以帮助我们闹中取静,摆脱嘈杂与喧嚣,追求智慧的充实

②恰恰书籍具有这种功能

③社会愈是嘈杂,愈需要我们静下心来

④读书能帮助我们摆脱急功近利的浮躁,心无纤尘地走进或厚重或轻盈的书中世界

⑤当今社会,生活节奏越来越快,人们仿佛连同这个社会一起变得躁动不安

⑥也能帮助我们守住崇高的灵魂与人格,不被五光十色的世界所左右,永远保持学习的兴趣

A. ①④⑥⑤③②　　B. ①③②⑤④⑥

C. ⑤①②③⑥④　　D. ⑤③②①④⑥

5. 下列文学流派不是产生于中国本土的文学流派的是(　　)

A. 山药蛋派　　B. 荷花淀派　　C. 寻根文学　　D. 魔幻现实主义

6. 下列作品中与其他三项属于不同作者的是(　　)

A.《龙须沟》　　B.《四世同堂》

C.《寒夜》　　D.《我这一辈子》

7. 依次填入下面语段空白处的词语,最恰当的一组是(　　)

"奥斯卡金像奖"______国际电影节奖项______一个美国本土电影评奖,______由于美国电影文化影响了全球电影游戏规则,它______超越本土性,被视为世界电影"至尊"。______为了增强国际性,它设置了"奥斯卡最佳外语片奖",专门颁给优秀的非英语影片。

A. 不仅是　　更是　　只是　　才　　然而

B. 不是　　而是　　只是　　才　　同时

C. 不是　　而是　　正是　　就　　同时

D. 既是　　也是　　正是　　就　　然而

8. 下列复句中各分句间的关系不同于其他三句的一项是(　　)

A. 他总在一些地方吓着我们,而等我们惊魂甫定,便会发现,呈现在我们面前的是朝暾夕月,落崖惊风。

B. 不要揭露别人的隐私,因为在你侮辱他人时,你的信誉也将受到损害。

C. 庄周们一定能掂出各级官僚们"威福"的分量,而大小官僚们永远不可能理解庄周们的"闲福"对真正人生的意义。

D. 我们不能以此来要求心智不高内心不坚的芸芸众生,但我仍很高兴能看到在中国古代文人中有这样一个拒绝权势媒聘、坚决不合作的例子。

9. 下列各组合成词类型不完全一致的是(　　)

A. 阻塞　纵横　尺寸　窗户

B. 小说　腾飞　狂欢　海归

C. 改正　阐明　稿件　推翻

D. 海啸　心虚　达标　月亮

10. 下面成语典故与历史人物搭配不正确的一项是(　　)

A. 东山再起——谢安

B. 手不释卷——陶渊明

C. 投笔从戎——班超

D. 孺子可教——张良

11. 下列各句中,标点符号使用正确的一项是(　　)

A. “二十四史”中所记内容大多与朝代兴衰、天下治乱、君主贤愚、大臣忠奸相关。

B. 我国历代作家常以“意则期多,字惟求少”作为写文章的准则,力求“句中无余字,篇中无长语”。(姜夔《白石道人诗说》)

C. 祖先除了被称为“祖先神”“祖先鬼”外,有时还鬼神并称,《孝经·感应》载:“宗庙致敬,鬼神著矣”。

D. 厂家在工房周围造一堵围墙,门房里置一个请愿警,门外钉一块:“工房重地,闲人莫入”的木牌。

12. 下列各句中,表达得体的一项是(　　)

第12题

A. 今天是小女婷婷的十岁生日,借此机会,聊备薄酒,感谢各位亲友多年来对我全家的关怀和帮助,请大家开怀畅饮!

B. 俗话说千里送鹅毛,礼轻情意重,你送我的笔筒虽不贵重,但盛满浓浓的友情,我就笑纳了,一定好自珍藏!

C. 这么多年来承蒙你的关怀照顾,我受益匪浅。现在你家里遇到了难处,我自然也应该鼎力相助,竭诚回报。

D. 杨总率先发言,抛砖引玉,提出不少建设性的建议。接下来,请未发言的同志不吝才智,献计献策,畅所欲言。

二、填空题(本大题每空1分,共6分)

13. 补写出下列名句中的空缺部分。

(1)__________,地利不如人和。(《得道多助,失道寡助》)

(2)__________,各领风骚数百年。(赵翼《论诗》)

(3)《论语·述而》中孔子用“__________,__________”两句告诉我们正确的从师学习之道:面对同行之人,既能见善即学,又能见不善即改。

(4)辛弃疾在《破阵子·为陈同甫赋壮词以寄之》中以“__________,__________”两句抒发了自己欲为君主完成收复失地之大业,博得万古之英名的豪情壮志。

三、文言文阅读题(本大题共4小题,共10分)

阅读下面的文言文,完成后面的问题。

郑鲜之,字道子,荥阳开封人。初为桓伟辅国主簿。宋武帝起义兵,累迁御史中丞。性刚直,甚得司直之体。外甥刘毅权重当时,朝野莫不归附,鲜之尽心武帝,独不屈意于毅,毅甚恨焉。以与毅舅甥制不相纠,使书侍御史丘洹奏弹毅辄宥传诏罗道盛。时新制,长吏以父母疾去官,禁锢三年。山阴令沈叔任父疾去职,鲜之因此上议曰:“今省父母之疾而加以罪名,悖义疾理,莫此为大。谓宜从旧,于义为允。”从之。帝少事戎旅,不经涉学,及为宰相,颇慕风流。时或谈论,人皆依违不敢难。鲜之难必切至,未尝宽假。与帝言,要须帝理屈,然后置之。帝有时惭恧变色,感其输情,时人谓为“格佞”。十二年,武帝北伐。以为右长史。及入咸阳,帝遍视阿房、未央故地,凄怆动容。前至渭滨,帝叹曰:“此地宁复有吕望邪?”鲜之曰:“昔叶公好龙而真龙见,燕昭市骨而骏足至。明公以旰食待士,岂患海内无人?”及践阼,迁太常、都官尚书。时傅亮、谢晦位遇日隆,范泰尝众中让诮鲜之曰:“卿与傅、谢俱从圣主有功关、洛,卿乃居僚首,今日答飒,去人辽远,何不肖之甚!”鲜之熟视不对。鲜之为人通率,而隐厚笃实,赡恤亲故。游行命驾,或不知所适,随御者所之。尤为武帝所狎。上曾内殿宴饮,朝贵毕至,唯不召鲜之。坐定,谓群臣曰:“郑鲜之必当自来。”俄而外启尚书郑鲜之诣神兽门求启事,帝大笑引入。景平中,徐、傅当权。出为豫章太守,时王弘为江州刺史,窃谓人曰:“郑公德素,先朝所礼,方于前代,钟元常、王景兴之流。今徐、傅出以为郡,抑当有以。”元嘉三年,弘入为相,举鲜之为尚书右仆射。四年卒。

(选自《南史·郑鲜之传》,有删改)

14. 对下列句子中加点词的解释,不正确的一项是(　　)(2分)

A. 帝有时惭恧变色　　恧:惭愧

B. 何不肖之甚　　肖:像

C. 赡恤亲故　　赡恤:赡养抚恤

D. 尤为武帝所狎　　狎:亲近

15. 下列对文中画波浪线词语的相关内容的解说,不正确的一项是(　　)(2分)

A. 武帝是皇帝谥号,“武”是褒扬皇帝生前德行之词,有“威武睿智”之意。

B. 吕望即姜子牙,他与文王相遇渭滨,因功封于吕地,后来代指辅佐国君的贤才。

C. 践阼,古代帝王新即位,升宗庙东阶以主祭。也作“践祚”,指帝王即位。

D. 景平,年号,是皇帝用来纪年的名号,也可以用作表示年份,如孝文、孝景、贞观等。

16. 下列对原文有关内容的概括和分析,不正确的一项是(　　)(2分)

A. 郑鲜之性格刚直,极尽官责。他的外甥刘毅权重当时,擅自赦免人;按制度规定,鲜之不能弹劾刘毅,他便让书侍御史丘洹奏表弹劾刘毅。

B. 郑鲜之敢于犯颜,直论是非。与皇帝交谈,他总是驳难,一定要让皇帝理屈词穷,才肯罢休;皇帝有时感到惭愧而震怒,想要疏远他。

C. 郑鲜之被人讥诮，不作分辩。范泰当众讥讽他虽功劳不下傅亮、谢晦，而地位和恩遇远不及傅、谢；他只是看着范泰，并没有回应。

D. 郑鲜之为人隐厚笃实。乘车出游，有时也不知要去何处，任驾车的人随意去哪；皇帝待他亲善，举行宴会故意不请他，他来奏事，最终也参加了。

17. 翻译文中画横线的句子。(4分)

(1)今省父母之疾而加以罪名，悖义疾理，莫此为大。

(2)及为宰相，颇慕风流。时或谈论，人皆依违不敢难。

四、现代文阅读题(本大题共4小题，共14分)

阅读下面的文章，完成后面的问题。

万鞋墙

梁　衡

陕北多山，千山万壑。有村名赤牛洼，世代农耕，名不见经传。近年有退休回村的干部老高，下决心搜集本地藏品，建起一农耕博物馆。我前去参观，不外锄、犁、耧、耙、车、斗、磨、碾之类，也未有见奇。当转入一巨大窑洞时，迎面一堵高墙，齐齐地码着穿旧、遗弃了的布鞋，足有两人之高，数丈之长。我问：“有多少双？”答道：“一万三千双。”我脱口而出：“好一堵万鞋墙！”

这鞋平常是踩在脚底下的，与汗臭为伴，与尘土、泥水厮磨，是最脏最贱之物，穿之不觉，弃之不惜，几乎感觉不到它的存在。今天忽然被请到墙上，隆重聚会，就像一支浩浩荡荡的翻身奴隶大军，顿然感到它的伟大。不管什么鞋，都已经磨得穿帮破底、绽开线头，鞋底也成了一个薄片。仔细看，还能依稀辨出原来的形式、针脚、颜色。这每一双鞋的后面都有一个故事，从女人做鞋到男人穿它去种田、赶脚、打工等，一个长长的故事。我们这一代人都是穿着母亲的手做布鞋长大的，又穿着布鞋从乡下走进城市，每一双鞋都能勾起心底一段甜蜜的或辛酸的回忆。这鞋墙就像是一堵磁墙，又像是一个黑洞，我伫立良久，一时无语，半天，眼眶里竟有点潮湿。

在回县里的车上，大家还在说鞋。想不到这个最普通的穿戴之物，经今天这样一上墙，竟牵动了每一个人的神经。一种鞋就是一个时代的标志。中国革命是穿着草鞋和布鞋走过来的。当初，我国建第一个驻外使馆，大使临行前才发现脚上还穿着延安的布鞋，才匆忙到委托店里买了一双旧皮鞋上路。大约在二十世纪六十年代以前，北方农村的人一律穿家做的布鞋，小时穿妈妈做的鞋，成家后穿老婆做的鞋。布鞋是维系农耕社会中的男女关系、农民与土地关系的一根纽带。我想，做鞋也成了农村妇女生命的一部分，从少女时学纳鞋底开始，一直到为妇为母，满头白发，满脸皱纹，她们一针一线地纳着青春，纳着生命。遇有孩子多的人家，做鞋成了女人的沉重负担。男人们很珍惜这一双鞋，夏天干活则尽量打赤脚，出门时穿上鞋，到地头就脱下来，两鞋相扣小心地放在田垄上，收工时再穿回来。每年农历正月穿新鞋是孩子们永远的企盼，也是母亲笑容最灿烂的时刻。要说乡愁、亲情、家忆，布鞋是最好的标志。

鞋不但是人情关系的标识，还是社会进步的符号。有人说，看一个人富不富，就看他家地上摆的鞋。我是1963年进大学的，同班有一位从湘西大山里考来的同学，赤着脚上课。老师问，为什么不穿鞋。他说长这么大，就没有穿过鞋。1968年大学毕业，按那时的规矩，我到内蒙古农村当农民劳动一年。生产队饲养院的热炕，是冬季的晚上村民们聚会、抽烟、说事的热闹地方。腾腾的烟雾和昏暗的灯光中，炕沿下总是一大堆七扭八歪、又脏又瘪的鞋，其中有一双就是我从北京穿来的，上面已补了13个补丁。九十年代我已在北京中央国家机关工作，那时的会议通知常会附一句话：请着正装。“正装”什么意思？就是要穿皮鞋。

那几天在县里采访，虽还有许多其他内容，但脑子里总是转着那些鞋。立一堵墙以为纪念，是人们常用的方法，最著名的如巴黎公社墙、犹太人的哭墙，还有国内外经常看到的烈士人名墙，但集鞋为墙，还是第一次见到。鞋虽踩在脚下，不像帽子风光，却要承一身之重，走一生之路，最是苦重，也最易被人忘记。

我们常说“慈母手中线，游子身上衣”，却很少人说到“游子脚下鞋”。做鞋，首要是结实。先要用布浆成“衬”，裁成帮，裹成底。将麻搓成绳，锥一下，纳一针。记得幼时，深夜油灯下，我躺在母亲身旁，是听着纳鞋底的嗞嗞声入睡的。现在市面上已找不到人工布鞋了，那天我在县里托人找了一双，不为穿，是想数一下一双鞋底要纳多少针。你猜多少？两万五千针。那堵鞋墙共有一万三千双鞋，你算一下，总共要多少针呀！每一个人都说自己的事业轰轰烈烈，走过的道路艰苦曲折，又有谁想到脚下千针万线的慈母鞋呢？

鞋墙不朽。

(有删改)

18. 下列对文章相关内容和艺术特色的分析鉴赏，最恰当的一项是(　　)(3分)

A. 作品开头一段写赤牛洼村名不见经传和老高建起的农耕博物馆也未有见奇，以此来反衬“一堵万鞋墙”给“我”的惊奇感受。

B. 第二段通过“隆重聚会”和“像一支浩浩荡荡的翻身奴隶大军”这两个比喻，把无生命的鞋写活了，一个“请”字表达了作者的敬意。

C. 以“赤着脚上课”反映出湘西的贫困，以“一大堆七扭八歪、又脏又瘪的鞋”反映出农村的落后，以“着正装”反映城市的富裕。

D. 这篇散文运用以小见大的构思手法，通过塑造“穿之不觉，弃之不惜”的鞋这个意象，表达了深刻的主旨，形成幽默的风格。

19.梁衡的散文善于运用联想、想象，请以第三段为例简要分析。(3分)

20.作品结尾说“鞋墙不朽”，这句话的含意是什么？作品以这句话结尾有什么用意？请简要分析。(4分)

21.请结合第五段加以分析本文的语言风格。(4分)

五、诗词鉴赏题(本大题共6分)

22.阅读下面这首诗，回答问题。

春雪晚晴出西村

范 浚

步屐寻春犯雪泥，村南村北鹁鸠啼。
堕梅残白犹明树，着柳暗黄初映堤。
风景快晴云擘絮，江天未暮日悬规。
最怜碧涨侵沙尾，更傍横桥一杖藜。

(1)下列对这首诗的赏析，不正确的一项是(　　)(2分)

A.首句工于炼字，一个“犯”字从侧面写出道路难行，突出了诗人寻春之不易。

B.颔联与“海日生残夜，江春入旧年”一样，都蕴含着诗人对自然界新旧交替的感悟。

C.颈联上句写天快放晴之时白云如絮，下句写天放晴后落日如规，极富画面感。

D.尾联着眼于近景，用“最怜”二字直抒胸臆，表现了诗人对初春美景的喜爱之情。

(2)你认为这首诗中哪个词语能够统领全篇？请结合全诗简要分析。(4分)

六、作文题(本大题共40分)

23.按要求作文。

以“没有简单的成功”为题写一篇文章。

要求：①不限文体(诗歌除外)；②不少于800字；③文中不得出现含有个人信息的地名、人名等。

绝密★启封前　　　　姓名______　　准考证号______

教师招聘考试最后冲刺试卷(四)

中学语文

(时间120分钟　满分100分)

本套试卷共19小题,包括单项选择题(5小题)、填空题(1小题)、论述文阅读题(3小题)、文言文阅读题(4小题)、现代文阅读题(4小题)、诗词鉴赏题(1小题)、作文题(1小题)。

一、单项选择题(本大题共5小题,每小题2分,共10分)

1. 下列词语中,没有错别字和加点字注音全都正确的一项是(　　)

A. 老家过春节都有粘(niān)贴春联的习俗,一副副春联使得节日充满了祥和喜庆的气氛(fēn),让人备感温馨。

B. 元宵夜礼花照亮云宵,大雁塔脚下靓(liàng)女俊男身着靓服,沉浸在节日的欢乐之中。

C. 草长莺飞,西岳华山游人如织,游客拾(shè)级而上,领略着西岳的雄奇险峻。

D. 先秦法家集大成者韩非睥睨(bìnì)天下人心,主张严刑峻法,从其人生结局看,他算不得识事务者。

2. 下列各句中加点的词语,使用最恰当的一项是(　　)

A. 中药是在中医学理论指导下用以防治疾病的药物,以植物为最多,也包括动物和矿物,其药效一般比较缓和。

B. 诗评家所谓"老杜饥寒而悯人饥寒者也",跟白居易"饱暖而悯人饥寒者也"是不同的,饥寒让杜甫刻骨铭心,所以他写出的诗句更加深刻感人。

C. 海滨公园是附近居民喜爱的运动场所,在花海中无论是散步、慢跑还是骑车锻炼都令人神气十足。

D. 虽然平时工作很忙碌,但只要有时间,我就整顿家务,让家里变得洁净、整齐、漂亮。

3. 下列各句中,没有语病的一项是(　　)

A. 为了更好地满足读者不同的阅读需求,《军事天地》推出"深度军情"版块以深度解读军事新闻背后的隐藏态势,立体呈现复杂军事战略环境。

B. 教育部近日下发文件,要求进一步促进高等教育入学机会平等,继续实施支援中西部地区招生协作,进一步落实和完善随迁子女在流入地参加高考的政策。

C. 上海上港集团为球队聘请了执教经验丰富的瑞典教练埃里克森,在短短一年内就凭借丰富的经验把上港队打造成了一支中超强队,为上港集团争得了不少荣誉。

D. 禁止在公共场所吸烟,防止传播二手烟,特别是劝阻有烟瘾的青少年戒烟,对防肺癌和其他呼吸系统疾病有极其重要的意义。

4. 将下列选项中的词语依次填入各句横线处,最恰当的一组是(　　)

①某市负责人在接受媒体采访时表示,经济建设要注重环境保护;______该市的环境保护仍然严重滞后。

②医院作为特殊的公共______,应该讲究语言得体,"欢迎你再来"这一类的语言是不宜随便使用的。

③人们在异国他乡为了生存而不得不放弃自己原有的文明,______首先放弃也最难放弃的就是母语。

④谈到决赛对手时,教练说:"这将______是一场漂亮的比赛,在决赛中和他们会师是一次独一无二的机会。"

A. 坦陈　场所　必须　必然　　B. 坦陈　场合　必需　必定

C. 坦承　场合　必需　必然　　D. 坦承　场所　必须　必定

5. (　　)是我国著名的长篇神魔章回小说,是古典文学中最辉煌的神话作品。

A.《山海经》　　B.《世说新语》

C.《搜神记》　　D.《西游记》

二、填空题(本大题每空1分,共5分)

6. (1)《离骚》是一首伟大的抒情长诗,诗中有许多诗人直抒胸臆、表明心志的句子。请写出诗人表明自己对美好德行的追求、至死不改的两句:__________,__________。

(2)荀子在《劝学》中以"木受绳则直,金就砺则利"为喻,引出"__________,则知明而行无过矣"的结论,强调学习能够改变人的秉性。

(3)在《岳阳楼记》中,范仲淹先用"而或长烟一空,皓月千里"来形容夜空的纯净,月色的皎洁;又用"____________"描写月光照耀下的水波;用"____________"来描摹无风时水中的月影。

三、论述文阅读题(本大题共3小题,每小题3分,共9分)

阅读下面的论述类文本,完成后面的问题。

据我知见,姚名达《中国目录学史》是近代西学东渐以来第一部以"中国目录学史"命名,全面、系统研究中国目录学发展历史的学术专著。与传统的、具有目录学史性质的著作相比,显然受到西方现代学科理论建构的影响。《中国目录学史》以主题分篇,每篇之下各有若干小节,全书凡十篇。它不像通常写专史那样,从古到今划分几个发展时期,通过揭示各个时期的特点来展现历史全貌。姚名达把他组织中国目录学史的方法称作"主题分述法",其义就是"特取若干主题,通古今而直述,使其源流毕具,一览无余"。

为什么不用通常的叙述方法来写中国目录学史?因为在他看来,中国目录学虽然源远流长,但发展进程中"时代精神殆无特别之差异",就是说二千年来目录学形态在本质上没有跳出刘歆开创的模

式;硬要划分时期,区别特点,“强立名义,反觉辞费”。关于这个问题当然可以见仁见智,中国目录学史也未尝不可用“断代法”来编写(吕绍虞《中国目录学史稿》即用分期断代法论述),但我们对他敢于学术创新的肯定是无须见仁见智的。问题在于,姚名达的方法是能够、又怎么能够让中国目录学“源流毕具,一览无余”呢?其实作者知道这样做也有不足,他说:“盖既分题各篇,则不能依时代为先后,故忽今忽古,使读者迷乱莫明,尤其大患。”利弊相权,怎么处理?姚名达的理念是:“体例为史事所用,而史事不为体例所困”;具体对策是:“依史之所宜,采多样之体例”。就是说,各篇采用适宜各自主题的体制,而不强求一律。

《叙论篇》《结论篇》两篇分居首尾。《叙论篇》首先对“目录”“目录学”等基本概念加以定义,并对古往今来的目录做了分类,在一一分析目录学与其他学科的关系后,又划定了目录学的研究范围,末了详细阐明本书框架结构的组织方法,及其所本的学术理念。提纲挈领,宣示宗旨,很符合现代学科的规范。《结论篇》以极短篇幅,阐述他对古代、现代和未来目录学的感想和希望,实际上也是其基本观点的提炼和总括。

首尾两篇之间为全书的主体。其中,《溯源篇》追溯中国目录学的源头——刘向《别录》和刘歆《七略》。设立这个主题,出于他对中国目录学发展特点的基本认识:两书开创了目录体制和目录分类的基本模式,传统目录学既受两书庇荫,又长期笼罩在其阴影中,没有重大突破。该篇除详述两书分类、编目特点外,举凡书籍之产生、传述、整理、校勘等,莫不一一推寻原始,并上溯先秦目录之渊源,详详细细,原原本本。《溯源篇》以下各篇皆以主题为纲,通古贯今,看似“独立特行”,互不相干,其实却与传统纪传体史书体制暗合。比如,“志”在纪传体史书中统摄典章制度,《分类篇》《体质篇》都是讲目录基本制度,编撰体例相当于纪传体的“志”。

《中国目录学史》的理论框架并非无懈可击,但确有创意。姚名达对此亦颇为自许:“对于编制之体裁,杂用多样之笔法,不拘守一例,亦不特重一家,务综合大势,为有条理之叙述,亦一般不习见者。”在我看来,这的确不是过分的自诩。

(选自严佐之《〈中国目录学史〉导读》,有删改)

7.下列关于原文内容的理解和分析,不正确的一项是( )

A.《中国目录学史》既受到西方现代学科理论建构的影响,又与传统史书体制暗合。

B.《中国目录学史》的各篇“采多样之体例”,好处是尊重史事,缺点是强立名义。

C.《叙论篇》《结论篇》两篇虽非《中国目录学史》的主体,但对理解全书内容却很关键。

D.姚名达认为,《别录》《七略》有开创之功,而传统目录学长期因循没有重大突破。

8.下列对原文论证的相关分析,不正确的一项是( )

A.文章举吕绍虞著作作为对比,意在指出姚名达的方法存在争议,需要反思。

B.文章多次征引姚名达的自述,通过对其理念的解释和评论,步步推进论述。

C.文章对姚名达著作的评述,既有整体概括,又有具体举例,二者相互结合。

D.文章以“据我知见”“在我看来”等语,对观点表述作出限制,立论审慎。

9.根据原文内容,下列说法不正确的一项是( )

A.姚名达评估二千年来目录学传统,既立足于历史,又体现出学术批判的精神。

B.与主题分述法相比,使用断代法来写中国目录学史,更能接近历史的本来面貌。

C.《中国目录学史》不墨守成规而有所创新,本文作者对该书的理论框架表示认可。

D.在近代西学东渐的背景下,《中国目录学史》体现出传统学术向现代学术的转型。

四、文言文阅读题(本大题共4小题,共13分)

阅读下面的文言文,完成后面的问题。

王筠,字元礼,一字德柔,琅邪临沂人。筠幼警寤,七岁能属文。年十六,为《芍药赋》,甚美。及长,清静好学,与从兄泰齐名。陈郡谢览,览弟举,亦有重誉,时人为之语曰:“谢有览、举,王有养、炬。”炬是泰,养即筠,并小字也。

起家中军临川王行参军,迁太子舍人,除尚书殿中郎。王氏过江以来,未有居郎署者,或劝逡巡不就,筠曰:“陆平原东南之秀,王文度独步江东,吾得比踪昔人,何所多恨。”乃欣然就职。尚书令沈约,当世辞宗,每见筠文,咨嗟吟咏,以为不逮也。筠为文能压强韵,每公宴并作,辞必妍美。约常从容启高祖曰:“晚来名家,唯见王筠独步。”

昭明太子爱文学士,常与筠及刘孝绰、陆倕、到洽、殷芸等游宴玄圃,太子独执筠袖抚孝绰肩而言曰:“所谓左把浮丘袖,右拍洪崖肩。”其见重如此。

普通元年,以母忧去职。筠有孝性毁瘠过礼服阕后疾废久之中大通二年迁司徒左长史。三年,昭明太子薨,敕为哀策文,复见嗟赏。

筠性弘厚,不以艺能高人,而少擅才名,与刘孝绰见重当世。其自序曰:“余少好书,老而弥笃。虽偶见瞥观,皆即疏记,后重省览,欢兴弥深,习与性成,不觉笔倦。自年十三四,齐建武二年乙亥至梁大同六年,四十六载矣。幼年读《五经》,皆七八十遍。爱《左氏春秋》,吟讽常为口实,广略去取,凡三过五抄。馀经及《周官》《仪礼》《国语》《尔雅》《山海经》《本草》并再抄。子史诸集皆一遍。未尝倩人假手,并躬自抄录,大小百余卷。不足传之好事,盖以备遗忘而已。”又与诸儿书论家世集云:“史传称安平崔氏及汝南应氏,并累世有文才,所以范蔚宗云崔氏‘世擅雕龙’。然不过父子两三世耳;非有七叶之中,名德重光,爵位相继,人人有集,如吾门世者也。沈少傅约语人云:‘吾少好百家之言,身为四代之史,自开辟已来,未有爵位蝉联,文才相继,如王氏之盛者也。’汝等仰观堂构,思各努力。”

(节选自《梁书·王筠传》,有删改)

10.对下列句子中加点词的解释,不正确的一项是( )(2分)

A.未有居郎署者　　居:任职

B.以母忧去职　　忧:忧虑

C.老而弥笃　　笃:执着

D.身为四代之史　　身:亲自

11. 下列各句中，加点词意义和用法都相同的一项是(　　)(2分)

A. 时人为之语曰　　　　吾羞，不忍为之下

B. 乃欣然就职　　　　疑其有改悔，乃复请之

C. 其见重如此　　　　其翼若垂天之云

D. 不足传之好事　　　　外无期功强近之亲

12. 把文中画横线的句子翻译成现代汉语。(6分)

(1)尚书令沈约，当世辞宗，每见筠文，咨嗟吟咏，以为不逮也。

(2)筠性弘厚，不以艺能高人，而少擅才名，与刘孝绰见重当世。

13. 用斜线(/)给画波浪线的句子断句。(3分)

筠有孝性毁瘠过礼服阕后疾废久之中大通二年迁司徒左长史。

五、现代文阅读题(本大题共4小题，共15分)

阅读下面的文字，完成后面的问题。

燕　子

席慕蓉[注]

初中的时候，学会了那一首《送别》的歌，常常爱唱："长亭外，古道边，芳草碧连天……"

有一个下午，父亲忽然叫住我，要我从头再唱一遍。很少被父亲这样注意过的，心里觉得很兴奋，赶快再从头来好好地唱一次："长亭外，古道边……"刚开了头，就被父亲打断了，他问我："怎么是长亭外？怎么不是长城外呢？我一直以为是长城外啊！"

我把音乐课本拿出来，想要向父亲证明他的错误。可是父亲并不要看，他只是很懊丧地对我说："好可惜！我一直以为是长城外，以为写的是我们老家，所以第一次听这首歌时就特别地感动，并且一直没有忘记，想不到竟然这么多年是听错了，好可惜！"

父亲一连说了两个"好可惜"，然后就走开了，留我一个人站在空空的屋子里，不知道如何是好。

前几年刚搬到石门乡间的时候，我还怀着凯儿，听医生的嘱咐，一个人常常在田野间散步。那个时候，山上还种满了相思树，苍苍翠翠的，走在里面，可以听到各式各样的小鸟的鸣声。田里面也总是绿意盎然，好多小鸟也会很大胆地从我身边飞掠而过。

我就是那个时候看到那一只孤单的小鸟的，在田边的电线杆上，在细细的电线上，它安静地站在那里，黑色的羽毛，像剪刀一样的双尾。"燕子！"我心中像触电一样地呆住了。

可不是吗？这不就是燕子吗？这不就是我从来没有见过的燕子吗？这不就是书里说的、外婆歌里唱的那一只燕子吗？

在南国的温热的阳光里，我心中开始一遍又一遍地唱起外婆爱唱的那一首歌来了："燕子啊！燕子啊！你是我温柔可爱的小小燕子啊……"

在以后的好几年里，我都会常常看到这种相同的小鸟，有的时候，我是牵着慈儿，有的时候，我是抱着凯儿，每一次，我都会兴奋地指给孩子看："快看！宝贝，快看！那就是燕子，那就是妈妈最喜欢的小小燕子啊！"怀中的凯儿正咿呀学语，香香软软的唇间也随着我说出一些不成腔调的儿语。天好蓝，风好柔，我抱着我的孩子，站在南国的阡陌上，注视着那一只黑色的安静的飞鸟，心中充满了一种朦胧的欢喜和一种朦胧的悲伤。

一直到了去年的夏天，因为一个部门的邀请，我和几位画家朋友一起，到南部一个公园去写生，在一本报道垦丁附近天然资源的书里，我看到了我的燕子。图片上的它有着一样的黑色羽毛，一样的剪状的双尾，然而，在图片下的注释和说明里，却写着它的名字是"乌秋"。

在那个时候，我的周围有着好多的朋友，我却在忽然之间觉得非常的孤单。在我的朋友里，有好多位在这方面很有研究心得的专家，我只要提出我的问题，一定可以马上得到解答，可是，我在那个时候唯一的反应，却只是把那本书静静地合上，然后静静地走了出去。

在那一刹那，我忽然体会出来多年前的那一个下午，父亲失望的心情了。其实，不必向别人提出问题，我自己心里也已经明白了自己的错误。但是，我想，虽然有的时候，在人生的道路上，我们是应该面对所有的真相，可是，有的时候，我们实在也可以保有一些小小的美丽的错误，与人无害，与世无争，却能带给我们非常深沉的安慰的那一种错误。

我实在是舍不得我心中那一只小小的燕子啊！

【注】席慕蓉，台湾知名画家、散文家和诗人。祖籍内蒙古，1943年生于重庆，1954年迁居台湾，1963年毕业于台湾师范大学艺术系。

14. 文中画横线的句子中"美丽的错误"在文中具体指什么？"错误"为什么会是"美丽"的？请结合文本加以分析。(4分)

15. 怎么理解文章结尾处"我实在是舍不得我心中那一只小小的燕子啊！"这句话。(3分)

16. 本文以“燕子”为题，有什么好处？试简要说明。(3分)

17. 下列对文章有关内容的分析和概括，不正确的两项是(　　)(5分)

A. 画波浪线的句子连用了四个反问句，增强了语气，突出强调了作者突然在南国发现”燕子”的惊喜之情，同时表现了作者心中对故乡深深的思念。

B. 当“父亲”发现了自己的错误后，一连说了两个“好可惜”，是因为自己感动了这么多年竟然是听错了，由此产生了深深的悔意。

C. 文章中“朦胧的欢喜”是作者想到了和故乡亲人在一起的快乐，“朦胧的忧伤”是作者对故土的思念无法排解。

D. 文章在叙述“我”从把“乌秋”误认作燕子到最后得知真相的过程中，运用了神态、动作、心理等描写手法。

E. “‘燕子！’我心中像触电一样地呆住了。”“触电”使用了比喻的修辞，表达了作者看到这只“燕子”时的震惊。

六、诗词鉴赏题(本大题共8分)

18. 阅读下面两首词，完成下列小题。

梦江南

(唐)皇甫松

兰烬落，屏上暗红蕉。闲梦江南梅熟日，夜船吹笛雨潇潇，人语驿边桥。

望江南

(南唐)李煜

闲梦远，南国正芳春。船上管弦江面绿，满城飞絮辊轻尘。忙杀看花人。

(1)你认为皇甫松在词中是如何处理虚实关系的？请简要分析。(4分)

(2)两首词都写到怎样的梦境，这两处“梦”各自表达了词人什么样的感情？(4分)

七、作文题(本大题共40分)

19. 阅读下面的材料，按要求作文。

材料一：子路拯溺者，其人拜之以牛，子路受之。孔子喜曰：“鲁人必多拯溺者矣。”

材料二：“大眼睛”姑娘苏明娟是希望工程的形象代言人，在求学、成长的过程中，曾得到许多好心人的帮助；长大后，她将爱心传递。2005年参加工作后，她将人生第一笔工资捐给了希望工程，之后每年定期捐款，从未间断。

材料三：新冠肺炎疫情在中国暴发后，世界上多个国家向中国伸出援手；疫情暴发成为全球态势后，中国同时向多国提供援助。

以上材料触发了你怎样的思考与感悟？请据此写一篇文章。

要求：自选角度，自拟标题；文体不限(除诗歌外)，文体特征鲜明；不少于800字；不得抄袭，不得套作。

绝密★启封前　　　　姓名______　　准考证号______

教师招聘考试最后冲刺试卷(五)

中学语文

(时间120分钟　满分100分)

本套试卷共24小题,包括单项选择题(5小题)、填空题(3小题)、古诗词鉴赏题(2小题)、文言文阅读题(4小题)、现代文阅读题(4小题)、案例分析题(2小题)、教学设计题(1小题)、语言文字运用题(3小题)。

一、单项选择题(本大题共5小题,每小题2分,共10分)

1. 下列词语中,没有错别字的一项是(　　)

A. 宅邸　惊惶　颤巍巍　喋喋不休

B. 蹒跚　赝品　矮礅礅　高朋满座

C. 踯躅　飓风　肺痨病　美伦美奂

D. 痉挛　屠戮　妊娠纹　万籁俱寂

2. 下列各句中,加点的成语使用恰当的一项是(　　)

A. 在医院的行业作风建设中,要大力发扬待人和气、言语文明、耐心细致等与人为善的美德,这样才能减少医患矛盾。

B. 山西的煤老板们拥有巨大的财富,其中很多人开豪车,住豪宅,一饭千金,却很少把钱用于公益事业。

C. 在电视剧《一生为奴》中扮演恭亲王的陈宝国,在拍摄期间反复推敲剧本,揣摩角色,力求把人物的忧郁和悲剧色彩表演得丝丝入扣。

D. 山东汉子牛作涛在广州珠江边,目睹一名陌生女子落水后,不顾个人安危,毅然下水救人,不幸牺牲。他的这一英雄壮举令人荡气回肠,肃然起敬。

3. 下列各句中,没有语病的一项是(　　)

A. 根据本报和部分出版机构联合开展的调查显示,儿童的阅读启蒙集中在1~2岁之间,并且阅读时长是随着年龄的增长而增加的。

B. 为了培养学生关心他人的美德,我们学校决定组织开展义工服务活动,三个月内要求每名学生完成20个小时的义工服务。

C. 在互联网时代,各领域发展都需要速度更快、成本更低的信息网络,网络提速降费能够推动“互联网+”快速发展和企业广泛收益。

D. 面对经济全球化带来的机遇和挑战,正确的选择是充分利用一切机遇,合作应对一切挑战,引导好经济全球化走向。

4. 依次填入下列语段横线处的词语,最恰当的一项是(　　)

①________去年江水泛滥的教训,工程局组织力量加固了堤岸,采取了一系列防洪措施。

②为保障公安机关及其警察依法履行治安管理职责,该法________了公安机关更多的权限和手段。

③开放性网络给人们交流思想提供了较大的便利,但同时也应看到,一些________于网络的“情绪性言论”,有时产生的负面影响也很大,需要引起社会的高度重视。

A. 鉴于　赋予　蔓延

B. 鉴于　付与　漫延

C. 基于　付与　蔓延

D. 基于　赋予　漫延

5. 下列各项表述错误的一项是(　　)

A.《雷电颂》是郭沫若历史剧《屈原》里屈原的一段内心独白。

B. 明清时期,科举考试规定,秀才到省会参加三年一次的乡试,考中的为“举人”。

C. 古代把山的北面或水的南面叫作阴,山的南面或水的北面叫作阳。如“河阳”便是黄河北面。

D. 传说中的“三皇五帝”的“五帝”指的是秦皇、汉武、唐宗、宋祖和成吉思汗。

二、填空题(本大题共3小题,每空1分,共10分)

6. (1)江流宛转绕芳甸,__________。(《春江花月夜》)

(2)__________,莲动下渔舟。(《山居秋暝》)

(3)龚自珍《己亥杂诗》“__________,__________”与李商隐“春蚕到死丝方尽,蜡炬成灰泪始干”有异曲同工之妙,常用来形容无私奉献的精神。

(4)杜甫登高望远,面对萧瑟秋景,以“__________,__________”(《登高》)两句,抒发了漂泊异乡、年老体衰的羁旅之愁与孤独之感。

7. 我国文学史向来以“风”“骚”并称,“风”“骚”分别指________和________。

8. 被誉为“乐府双璧”的两首长篇叙事诗是________和________。

三、古诗词鉴赏题(本大题共2小题,共10分)

阅读下面两首古诗,回答后面的问题。

答柳恽

吴　均

清晨发陇西,日暮飞狐谷。

秋月照层岭,寒风扫高木。

雾露夜侵衣，关山晓催轴[①]。

君去欲何之？参差间原陆[②]。

一见终无缘，怀悲空满目。

野田黄雀行[③]

曹 植

高树多悲风，海水扬其波。

利剑不在掌，结友何须多！

不见篱间雀，见鹞自投罗？

罗家得雀喜，少年见雀悲。

拔剑捎罗网，黄雀得飞飞。

飞飞摩苍天，来下谢少年。

【注】①催轴：即催车上路。②原陆：高原和平陆。③建安二十四年，曹操借故杀了曹植亲信杨修，次年曹丕继位，又杀了曹植挚友丁氏兄弟。曹植身处动辄得咎的逆境，无力救助友人，深感愤怠，内心十分痛苦，只能写诗寄意。

9. 曹诗用"高树"，吴诗却用"高木"，"高木"一词使用得是否恰当？请结合所学知识具体分析。(5分)

10. 两首诗中都写到了"悲"字，请结合诗歌说说两位诗人为何而悲。(5分)

四、文言文阅读题(本大题共4小题，共10分)

阅读下面的文言文，完成后面的问题。

曾巩字子固，建昌南丰人。年十二，试作《六论》，援笔而成，辞甚伟。甫冠，名闻四方。欧阳修见其文，奇之。中嘉祐二年进士第。出通判越州，州旧取酒场钱给募牙前，钱不足，赋诸乡户，期七年止；期尽，募者志于多入，犹责赋如初。巩访得其状，立罢之。岁饥，度常平不足赡，谕告属县，讽富人自实粟，总十五万石，视常平价稍增以予民，民得从使受粟。又贷之种粮，使随秋赋以偿，农事不乏。知齐州，其治以疾奸急盗为本。曲堤周氏拥赀雄里中，子高横纵，贼良民，污妇女，服器上僭，力能动权豪，州县吏莫敢诘，巩取寘于法。章丘民聚党村落间，号"霸王社"，椎剽夺囚，无不如志。巩配三十一人，又属民为保伍，使几察其出入，有盗则鸣鼓相援，每发辄得盗。盗闻，多出自首。自是外户不闭。河北发民浚河，调及它路，齐当给夫二万。县初按籍三丁出夫一，巩括其隐漏，至于九而取一，省费数倍。又弛无名渡钱，为桥以济往来。徙传舍，自长清抵博州，以达于魏，凡省六驿，人皆以为利。师征安南，所过州为万人备。他吏暴诛亟敛，民不堪。巩先期区处猝集，师去，市里不知。巩负才名久外徙世颇谓偃蹇不偶一时后生辈锋出巩视之泊如也过阙神宗召见劳问甚宠。上疏议经费，帝曰："巩以节用为理财之要，世之言理财者，未有及此。"会官制行，拜中书舍人。时自三省百职事，选授一新，除书日至十数，人人举其职，于训辞典约而尽。寻掌延安郡王笺奏。故事命翰林学士，至是特属之。甫数月，丁母艰去。又数月而卒，年六十五。

(选自《宋史·曾巩传》，有删改)

11. 下列对文中画波浪线部分的断句，正确的一项是(　　)(2分)

A. 巩负才名久/外徙/世颇谓偃蹇不偶/一时后生辈锋出巩/视之泊如也/过阙/神宗召见/劳问甚宠

B. 巩负才名/久外徙/世颇谓偃蹇不偶/一时后生辈锋出/巩视之泊如也/过阙/神宗召见/劳问甚宠

C. 巩负才名/久外徙/世颇谓偃蹇不偶/一时后生辈锋出巩/视之泊如也/过阙/神宗召见/劳问甚宠

D. 巩负才名久/外徙/世颇谓偃蹇不偶/一时后生辈锋出/巩视之泊如也/过阙/神宗召见/劳问甚宠

12. 下列对文中加点的词语相关内容的解说，不正确的一项是(　　)(2分)

A. 常平：指常平仓，是古代官府设置的粮仓，丰年购粮，灾年卖粮，用以调节粮价。

B. 上僭：指逾越名位和礼制，擅自使用高于自己身份的名义、礼仪或者器物等。

C. 路：宋、金、元时行政区划名。宋朝的路相当于现在的省下面的市，路上面一级为府、州。

D. 传舍：原指战国时贵族供门下食客食宿的馆舍，后来泛指供行人休息住宿的地方。

13. 下列对原文有关内容的概括和分析，不正确的一项是(　　)(2分)

A. 曾巩年少有才，名闻四方。他十二岁时试写《六论》，提笔立就，文辞卓越；他的文章得到了当时文坛领袖欧阳修的肯定。

B. 曾巩应对饥荒，赈灾得法。他让下属各县劝富人卖粮食给百姓，以缓解灾情；为不误农事，借种粮给百姓，让他们收获后再偿还。

C. 曾巩铲除奸盗，治政有方。他在齐州将残害乡里的周高绳之以法，又发配了所有聚众为盗的章丘村民，州里治安得以改善。

D. 曾巩体恤百姓，减轻徭赋。河北征调民夫疏浚黄河，他核查户口，达到"九而取一"，节省了大量费用；又废除无名渡钱，省掉了部分传舍。

14. 把文中画横线的句子翻译成现代汉语。(4分)

(1)期尽,募者志于多入,犹责赋如初。巩访得其状,立罢之。

(2)巩以节用为理财之要,世之言理财者,未有及此。

五、现代文阅读题(本大题共4小题,共15分)

汽笛·布鞋·红腰带

陈忠实

①他那时刚刚勒上头一条红腰带。这是家乡人遇到本命年时避灾禳祸乞求平安福祉的吉祥物。半年以后,他勒着这条保命带到30里外的历史名镇灞桥去报考中学。领着他的是一位40多岁的班主任,姓杜。

②这是一次真正的人生之旅。

③这是他第一次走出家门三公里以外的旅行,他昨夜激动惶惧得几乎不能成眠。他肩头挎着一个书包,包里装着课本、一支毛笔和一个墨盒、几个混面馍馍,还有一块洗脸擦脸用的布巾……口袋里却连一分钱也没有。

④开始,他和老师、同学相跟着走,大约走出十多里路也不觉得累。后来的悲剧是从脚下发生的。他感觉脚后跟有点疼,脱下鞋子看了看,鞋底磨透了,脚后跟上磨出红色的肉丝,渦着血。母亲纳扎的布鞋鞋底经不住砂石的磨砺。当他看到脚后跟上的血肉时便怯了,步子也慢了。杜老师和一位大同学倒追过来,他立即擦干了眼泪。抬脚触地时的痛楚引发了他内心的畏怯,他没有说明鞋底磨透脚跟磨烂的事,他怕那些穿着耐磨的胶底球鞋的同学笑自己的穷酸。

⑤他已经看不见那支小小的赶考队列了。他终于下狠心从书包里摸出那块擦脸用的布巾包住一只脚,踮着脚尖跛着往前赶,走了一段路程,布巾磨透了,他把布巾倒过来再包到脚上,直到那布巾被踩磨得稀烂。他最后从书包里拿出了课本,一扎一扎撕下来塞进鞋窝……那些纸张更经不住砂石的蹭磨,直到课本被撕光,走进考场的最后一丝勇气终于断灭了。

⑥伟大的转机在他完全崩溃刚刚坐下的时候发生了,他听到了一声火车汽笛的嘶鸣。

⑦他被震得从路边的土地上弹跳起来。他惊惧慌乱不知所措而茫然四顾,终于看见一股射向蓝天的白烟和一列呼啸奔驰过来的火车。这是他平生第一次看见火车,第一次听见火车汽笛的鸣叫。列车飞驰过去,绿色的车厢,绿色的窗帘和白色的玻璃,启开的窗户晃过模糊的男人或女人的脸,还有一个把手伸出窗口的男孩的脸……直到火车消失在柳林丛中,直到柳树梢头的蓝烟渐渐淡化为乌有,直到远处传来不再那么令人震慑而显得悠扬的汽笛声响,他仍然无法理解火车以及坐在火车车厢里的人会是一种什么滋味儿?坐在火车上的人瞧见一个穿着磨透了鞋底磨烂了脚后跟的乡村娃子会是怎样的眼光?尤其是那个和他年纪相仿已经坐着火车旅行的男孩?

⑧天哪!这世界上有那么多人坐着火车跑哩而根本不用双脚走路!他用双脚赶路却穿着一双磨穿了底磨烂了脚后跟的布鞋,一步一蹭血地踯躅!他无端地愤怒了:不能永远穿着没后底的破布鞋走路……他把残留在鞋窝里的烂布绺、烂树叶、烂纸屑腾光倒净,咬着牙重新举步。脚后跟还在淌血还在疼,走过一阵儿竟然奇迹般地不疼了,似乎越磨越烂得深的脚后跟不是属于他的,而是属于另一个怯懦鬼的。他终于赶上了老师和同学。

⑨他后来成为一个作家,这个作家回顾整个生命历程的时候,所有经过的欢乐已不再成为欢乐,所有经历的苦难挫折引起的痛苦也不再是痛苦,变成了只有自己可以理解的生命体验。剩下的还有一声储存于生命磁带上的汽笛鸣叫和一双磨透了鞋底的布鞋。

⑩他想给进入花季刚刚勒上头一条或第二条红腰带的朋友致以祝贺,无论往后的生命历程中遇到怎样的挫折怎样的委屈,不要动摇也不必解释,走你认定了的路吧!因为任何动摇包括辩解,都会耗费心力耗费生命,不要耽搁了自己的行程。

(有改动)

15. 下列对文章相关内容和艺术特色的分析鉴赏,不正确的一项是(　　)(2分)

A. "他"穿着母亲纳扎的布鞋,脚后跟被砂石磨出了血,暗示了母亲的亲情敌不过现实的寒酸与残酷,使文章显得含蓄而又深沉。

B. "他"好胜心强,想到自己与火车上的人的差距,变得十分愤怒,强忍着疼痛,走到终点,想用这种方式来改变自己的命运。

C. 本文描写了"他"在报考中学路途中不断变化的心理,由开始的激动,到后来的卑怯、崩溃,最后又产生了希望,充满了勇气。

D. 本文运用记叙、描写、抒情、议论等多种表达方式,叙写了作家青年时期的一次赶考经历,表明了对待生活该有的信念与态度。

16.文中的“红腰带”“布鞋”“汽笛”有什么象征意义？结合文本简要分析。(6分)

17.文章以“汽笛·布鞋·红腰带”为题有什么好处？请简析理由。(3分)

18.文章为何将这次赶考经历称为“人生之旅”？请结合文本谈谈自己的体会。(4分)

六、案例分析题(本大题共2小题,共15分)

阅读下面的《面朝大海,春暖花开》的教学实录(节选),完成第19题。

师:读了这首诗,同学们一定会受到精神上的影响和情绪上的感染,请说说你的最初体验。

(生先在备用纸上简略地写一写,然后小组交流,之后请几位同学向全班介绍)

生1:这首诗具有某种吸引力,让人欲罢不能,也许是作者诗中那种乐观向上的精神感染了我,读时觉得轻松、清新、温暖。

生2:写得很朴实,没有什么华丽辞藻,写的是一种平凡、安逸、幸福的生活,读后令人向往。

生3:读完这首诗,让我觉得自己很幸福,觉得这世界上的任何事物都十分美好。

…………

师:请同学们再读一遍。透过字句,请大家想象推测一下,诗人是一个怎样的人?

(先小组交流,后全班交流)

生1:诗人大概是长期受到什么“痛苦”的缠绕,终于有一天,他挣脱了,可以做一个幸福的人,可以为那些自己热爱的人送出诚挚的祝福了。

生2:根据诗句的用语和所描述的细腻程度,我想“我”是个女性。文中多次提到幸福,我觉得她是一个渴望得到幸福,并不断追求幸福的人,诗中不难看出她生活很艰苦,因此想要幸福。

…………

师:(介绍海子生平状况)听了刚才的介绍,请再读本诗,然后说说自己新的理解与感悟。

生1:听完老师对海子悲惨一生的介绍,再来读本诗,的确能够看出海子对幸福,哪怕是一丁点儿的幸福的渴望。最后几个“愿你”,也是他对其他人的一种祝福吧,“只愿”也说明了他的无奈,他处境的艰难,我(起初)的揣测错了。

生2:听到老师说到海子心灵的孤独之旅,我颇有感慨。一个孤独的人,往往会去追求别人看似很平凡的东西:喂马,劈柴……“只愿”两个字打破了原先编织起来的理想境界,把正在神游的诗人拉回了现实,一种无可奈何体现了出来。但在初读时却没有注意到这点,始终觉得整首诗是轻快的。也许在不如意又自认为无法改变现实时才会这样。

…………

师:现在,请同学们以研究性阅读的方式,去欣赏、体会这首诗的艺术价值。如果认为诗歌中存在不足,也可指出。

(学生边读边写,5分钟之后小组交流,再作全班交流。)

生1:这首诗的感觉很纯,让人想象到那很美的意境,蕴含着诗人对自己理想中美好景致的憧憬,但是那种意境过于理想化。

生2:全诗塑造了一个“世外桃源”,表达了作者内心深处对它的无比热爱与憧憬,也留给读者很大的想象空间。

…………

师:(教师介绍一篇他人的赏析文章)学习了他人的赏析文章,对照自己的赏析阅读,请同学们反省比较,说说自己阅读的优点在哪里,不足在哪里。

生1:学习了(刚才的)赏析文章,感到(自己)每一次研读欣赏都没有把每节的不同意象区分开来(欣赏理解);或是没有深入体会诗人的内心感情。

师:请各位以现在的心情和现在的体验,自由朗读全诗,边读边体会。

师:现在大家或许有了新的体验,新的感受,请说一说,好吗?

…………

师:下课前,请每位同学说一句最有感触的话,作为学习本诗的结束语。

19. 以上是一位教师有关海子诗歌《面朝大海，春暖花开》的教学实录片段，请阅读以上材料并作出评析。(9分)

阅读下面某教师的观摩课《中国建筑的特征》的教学过程，完成第20题。

(1)让学生不看文本，“独立思考”中国建筑的特征。

(2)快速从课文中找答案，要求学生快速记住这些特征。

(3)让学生“推荐”男女生各一人，进行上述特征的默写比赛(写到黑板上)。

(4)学习文中的几个词语(“用一分钟看课文注释”)。

(5)出示本课学习的定向目标：学习事理说明文的说明方法；读懂课文，会说、会写、会用。

(6)鼓励学生用一分钟记住文中的举例。

(7)让学生“说一遍”上述例子。

(8)让学生把全文阅读一遍(达到“懂”的目标)。

(9)让学生将“中国建筑的特征”相互大声说一遍(达到“会说”的目标)。

(10)因时间关系，将“会写”目标改为课后作业，进入“会用”学习阶段；指导学生思考生活中继承与发扬中国建筑传统风格的实例，即达到“会用”的目标。

20. 请根据《普通高中语文课程标准》(2017年版)评析该教师教学的不当之处。(6分)

七、教学设计题(本大题共15分)

21. 下面是人教版七年级的一篇课文，仔细阅读并设计一课时的教学内容。

散　步

莫怀戚

我们在田野上散步：我，我的母亲，我的妻子和儿子。

母亲本不愿出来的；她老了，身体不好，走远一点儿就觉得累。我说，正因如此，才应该多走走。母亲信服地点点头，便去拿外套。她现在很听我的话，就像我小时候很听她的话一样。

天气很好。今年的春天来得太迟，太迟了，有一些老人挺不住，在清明将到的时候死去了。但是春天总算来了。我的母亲又熬过了一个严冬。

这南方的初春的田野！大块儿小块儿的新绿随意地铺着，有的浓，有的淡；树枝上的嫩芽儿也密了；田里的冬水也咕咕地起着水泡儿……这一切都使人想着一样东西——生命。

我和母亲走在前面，我的妻子和儿子走在后面。小家伙突然叫起来：“前面也是妈妈和儿子，后面也是妈妈和儿子！”我们都笑了。

后来发生了分歧：我的母亲要走大路，大路平顺；我的儿子要走小路，小路有意思……不过，一切都取决于我。我的母亲老了，她早已习惯听从她强壮的儿子；我的儿子还小，他还习惯听从他高大的父亲；妻子呢，在外面，她总是听我的。一霎时，我感到了责任的重大，就像领袖人物在严重关头时那样。我想找一个两全的办法，找不出；我想拆散一家人，分成两路，各得其所，终不愿意。我决定委屈儿子了，因为我伴同他的时日还长，我伴同母亲的时日已短。我说：“走大路。”

但是母亲摸摸孙儿的小脑瓜，变了主意：“还是走小路吧！”她的眼睛顺小路望过去：那里有金色的菜花、两行整齐的桑树，尽头一口水波粼粼的鱼塘。“我走不过去的地方，你就背着我。”母亲说。

这样，我们就在阳光下，向着那菜花、桑树和鱼塘走去了。到了一处，我蹲下来，背起了我的母亲，妻子也蹲下来，背起了我们的儿子。我的母亲虽然高大，然而很瘦，自然不算重；儿子虽然很胖，毕竟幼小，自然也很轻。但我和妻子都是慢慢地，稳稳地，走得很仔细，好像我背上的同她背上的加起来，就是整个世界。

八、语言文字运用题(本大题共3小题,共15分)

22. 下面是几篇课文的"导学心语",参照示例,给《归去来兮辞》《种树郭橐驼传》《谏太宗十思疏》《阿房宫赋》等课文写一段"导学心语",不要求语言形式相同。(5分)

示例:打开发黄的书页,你能感受到邹忌的睿智与苦心,你能发现烛之武的雄辩与灵活,从勾践身上,你能学到成功的秘诀,而走近孔子,你会惊叹先哲的深邃与博大。(《邹忌讽齐王纳谏》《烛之武退秦师》《勾践灭吴》《子路、曾皙、冉有、公西华侍坐》等课文的"导学心语")

23. 对联的练习,可帮助学生去理解课文,概括内容,下面是一位老师在教《药》和《兰亭集序》时拟出的上联,请你对出下联。

(1)治痨病小栓吃人血,黄泉丧命群众愚昧落后。(2分)

(2)群贤毕至,一觞一咏成就兰亭华章,信可乐也。(2分)

24. 对下列人物语录所包含的意味进行点评。(6分)

(1)阿Q:"我们先前——比你阔的多啦! 你算是什么东西!"

(2)别里科夫:"千万别出什么乱子。"

(3)葛朗台:"这交易划得来,小乖乖。"

绝密★启封前　　　　　　姓名______　　准考证号______

教师招聘考试最后冲刺试卷(六)

中学语文

(时间120分钟　满分100分)

本套试卷共66小题,分为两部分,第一部分客观题,包括单项选择题(60小题);第二部分主观题,包括简答题(2小题)、案例分析题(1小题)、古诗文阅读题(2小题)、教学设计题(1小题)。

第一部分　客观题

单项选择题(共60小题,前20题,每题0.5分,后40题,每题1分,共计50分)

1. 下列词语中,加点字的读音全部正确的一项是(　　)

A. 炊烟(chuī)　熨帖(yù)　空穴来风(xué)　敲响丧钟(sāng)

B. 似乎(sì)　烟囱(chōng)　踽踽独行(yǔ)　呱呱坠地(gū)

C. 尽快(jìn)　与会(yù)　量体裁衣(liáng)　疾风劲草(jìng)

D. 氛围(fēn)　重创(chuāng)　叨陪鲤对(dāo)　百折不挠(ráo)

2. 下列词语放在一起,后一音节应该读轻声的是(　　)

A. 上头　　B. 免得

C. 意义　　D. 虾子

3. 与"这、日、伯、若"字体结构分别相同的一项是(　　)

A. 间 母 媚 贷　　B. 房 因 牧 围

C. 国 刃 萍 实　　D. 世 羽 薇 木

4. 下列词语中,没有错别字的一项是(　　)

A. 洗漱　嫡亲　蹿掇　毛骨悚然

B. 歆羡　烟霭　仓皇　惊滔骇浪

C. 凋零　舟楫　斟茶　箭拔弩张

D. 松弛　时辰　躁动　秘而不宣

5. 下列各句中,加点成语的使用不正确的一项是(　　)

A. 清朝名臣谢济世,一生四次被诬告,三次入狱,两次被罢免官职,一次充军,其经历之坎坷,令人不忍卒读。

B. 新疆高铁的开通,不仅带动了新疆各地区旅游经济的发展,也使许多新的行业应运而生,高铁快递便是其中之一。

C. 那里地处热带,白天太阳灼人,街上不见人影;夜里则灯火通明,人声鼎沸,货架和地摊上,物品琳琅满目。

D. 他们用年轻的生命换取新中国温暖的阳光,自己却在黑暗中心甘情愿地忍受着百般折磨直至献出生命,他们死得其所。

6. 下列说法错误的一项是(　　)

A. 词是构成短语或句子的要素,语素是构成词的要素。

B. 由一个语素构成的词叫作单纯词,合成词是由两个语素构成的词。

C. 双音节单纯词主要包括联绵词、叠音词、音译词三种。

D. 词义是对客观事物的概括反映,它包含着人们对客观事物的认识。

7. 下列文学常识相关内容的搭配,不正确的一项是(　　)

A.《雨巷》——诗歌——戴望舒　　B.《包身工》——小说——夏衍

C.《荷塘月色》——散文——朱自清　　D.《窦娥冤》——戏剧——关汉卿

8. 下列对作品的评价,有误的一项是(　　)

A. 阿城的《棋王》被视作是新时期"寻根文学"的发轫之作。故事讲述了在"文革"时代,知青"棋呆子"王一生四处寻找对手下棋、拼棋的故事。小说语言抛弃了20世纪80年代惯有的语言逻辑,转而回归宋明小说的语境之中,朴实而飘逸俊美。

B. 汪曾祺的《受戒》是一篇饱含诗情的小说,表现的是纯朴健康的人性之美。小说描写的内容包括和尚们的宗教生活和民间的世俗生活两部分。和尚们的宗教生活是充满着人间烟火气或者说世俗性的。

C. 路遥的《人生》是其经典代表作之一,于1991年获得茅盾文学奖,它以改革时期陕北高原的城乡生活为时空背景,描写了高中毕业生高加林回到土地又离开土地,再回到土地的人生变化过程。

D. 孙犁的《荷花淀》充满诗意,被称为"诗体小说"。在激烈残酷的抗日战争里,一个关系着民族存亡的大背景下,小说选取小小的白洋淀的一隅,表现农村妇女既温柔多情,又坚贞勇敢的性格和精神。

9. "究天人之际,通古今之变,成一家之言"的史书指的是(　　)

A.《吕氏春秋》　　B.《史记》

C.《汉书》　　D.《资治通鉴》

10. 在中国,文学的审美属性被正式确认是在(　　)

A. 先秦时期　　B. 魏晋南北朝时期

C. 唐宋时期　　D. 明清时期

11. 义务教育阶段语文课程的总目标,要求累计认识常用汉字(　　)

A. 2500个　　B. 3000个　　C. 3500个　　D. 4000个

12. 下列有关语文课程资源的开发与利用的表述,不正确的一项是(　　)

A. 语文课程资源包括课堂教学资源和课外学习资源。

B. 各地区都蕴藏着自然、社会、人文等多方面的语文课程资源。

C. 学生的家庭生活及日常生活话题不在语文课程资源的范畴。

D. 学校和教师要高度重视课程资源的开发利用。

13. 高中语文课程评价的根本目的是促进学生(　　)的全面提高。

A. 语言能力　　B. 审美能力

C. 语文素养　　D. 应用能力

14. 教学评价的(　　)对教学过程有监督和控制作用,对教师和学生则是一种促进和强化。

A. 诊断功能　　B. 检查功能

C. 反馈功能　　D. 激励功能

15. 莎士比亚被人称为是(　　)

A. "时代的灵魂"　　B. "时代的骄子"

C. "最杰出的戏剧家"　　D. "最有天赋的演员"

16.《红与黑》被认为是一部(　　)

A. 爱情小说　　B. 政治小说

C. 寓言小说　　D. 讽刺小说

17. 英国的湖畔派诗人包括(　　)

①华兹华斯　②雪莱　③拜伦　④骚塞　⑤柯勒律治

A. ①②④　　B. ①④⑤

C. ③④⑤　　D. ②③④⑤

18. 下列各项中,对作品故事情节的叙述不正确的一项是(　　)

A. 因为金融公债的混乱,实业界同仁推举吴荪甫联合各方面有实力的人,办一个银行,做自己的金融流通机关,益中信托公司就是这样成立起来的。(《子夜》)

B. 欧也妮嫁给特·蓬风,做了形式上的夫妻。几年后,特·蓬风当上法院院长,并瞄上了国会,可是他当选为索漠城议员的第八天就死了,于是,33岁的欧也妮便守了寡。(《欧也妮·葛朗台》)

C. 在对爱斯梅拉达的审判中,小山羊作为第二被告出现,当小山羊拼出了"弗比斯"的名字时,人们认为其中一定有巫术,因此法庭认定爱斯梅拉达用巫术刺杀了弗比斯。(《巴黎圣母院》)

D. 涅赫留朵夫不止一次进行过"灵魂的扫除"工作,但是促使他真正开始做深刻忏悔的直接动因是玛丝洛娃在法庭上认出了他。(《复活》)

19. "明天是星期天"是(　　)

A. 述宾短语　　B. 主谓短语

C. 述补短语　　D. 偏正短语

20. 下列关于普通话的音节拼写规则,不正确的一项是(　　)

A.《汉语拼音方案》规定iou、uei、uen三个韵母前面加辅音声母时,写成iu、ui、un。

B. ü上面两点的省写有两种情况:一是拼写声母j、q、x,二是零声母前加y。

C.《汉语拼音方案》规定,隔音符号标在开口呼音节开头的左上角。

D. 普通话中所有的韵母都可以和所有的声母相拼。

21. 下列各句中,没有语病的一项是(　　)

A. 由于装备昂贵,冰场数量有限,冰壶运动在中国很难培养广泛而深入的群众基础,其发展前景令人堪忧。

B. 夜幕降临,马德里城灯光璀璨,全城200多家书店、图书馆、文化单位和40多位文艺工作者共同参加了这场盛典。这个夜晚,成为名副其实的"读书之夜"。

C. 一些地方之所以会出现对污染企业及其排污行为监管不力的现象,很大程度上与过于看重这些企业带来的经济利益从而忽视环境保护有关。

D. 在文理分科大讨论中,高中教师、学生及家长多赞成维持现状,大学教师和教育研究人员则倾向于取消分科,出现了"当事者"赞成分科、"旁观者"取消分科的情况。

22. 下列关于汉字及其使用规范的表述,错误的一项是(　　)

A. 汉字是表意体系的文字。

B. 部首是具有字形归类作用的偏旁。

C. 所谓异形词,是指汉语书面语中音同、义同而用法不同的词。

D. 汉字的整理包含简化笔画和精简字数两方面的内容。

23. 汉字第一次规范化的字体是(　　)

A. 大篆　　B. 小篆

C. 金文　　D. 楷书

24. 许慎《说文解字·序》中"视而可识,察而见意"说的造字方法是(　　)

A. 象形　　B. 会意

C. 指事　　D. 假借

25. 清代最大的散文流派是(　　)

A. 性灵派　　B. 桐城派

C. 阳羡派　　D. 阳湖派

26. 中国古代文学发展史上,江西出现的第一个大诗人是(　　)

A. 欧阳修　　B. 左思　　C. 黄庭坚　　D. 陶渊明

27. "金子啊,你让黑的变成白的,你让丑的变成美的"这句话出自莎士比亚的哪出悲剧(　　)

A.《哈姆雷特》　　B.《奥赛罗》

C.《雅典的泰门》　　D.《麦克白》

28. 下列不属于列夫·托尔斯泰的作品的是(　　)

A.《战争与和平》　　B.《复活》

C.《安娜·卡列尼娜》　　D.《罪与罚》

29. 依次填入下面一段文字横线处的语句,衔接最恰当的一项是(　　)

柏拉图的著作几乎都是用对话写成的。________。________。________。________。________。________。

①讨论双方集中于一个或几个问题,一问一答,互相辩驳,揭露矛盾,最后得出结论

②他把对话作为一种独立的文学形式运用于学术讨论之中,这是一种创举

③但是阅读柏拉图的对话并非易事

④他善于运用幽默和反讽的笔调,随时使用比喻和神话

⑤不管见解是否有理,结论是否正确,其矛盾却暴露得清楚深刻

⑥因此,阅读柏拉图的对话,必须仔细琢磨

A. ②①⑤④③⑥　　B. ②①⑤③④⑥

C. ④⑤③②①⑥　　D. ④⑤①⑥③②

30. 下列说法错误的一项是(　　)

A. 古书上常有"子曰"或"诗云","子曰"即孔子说,"诗云"即《诗经》上说。

B.《沁园春·雪》中的"沁园春"是词牌名,"雪"是这首词的题目,词的内容与"沁园春"有密切关系。

C. 小说是以塑造人物形象为中心的,《鲁提辖拳打镇关西》就具有这一特点。

D. 散文诗是用散文的形式写成的诗,兼有诗和散文的特点。冰心的《纸船》就是一首散文诗。

31. 下列有关文化常识的说法错误的一项是(　　)

A. 襁褓:指未满周岁的婴儿。宋代黄庭坚《寄耿令几父过新堂邑作乃几父旧治之地》:"白头晏起饭,襁褓语呕哑。"

B. 金钗之年:指女子十三四岁的年龄。唐代白居易《长恨歌》:"钿合金钗寄将去。"

C. 黄口小儿:指十岁以下,用作贬义词,常讥讽别人年幼无知。鲁迅《华盖集续编·古书与白话》:"其中自然有古典,为'黄口小儿'所不知。"

D. 耄耋之年:指年老,八九十岁的年纪。宋代叶适《忠翊郎武学蔡君墓志铭》:"不尽年可戚嗟兮,傥耋耄渠不为之欢欣!"

32. 下列说法正确的是(　　)

A. 闪的第一笔是竖　　B. 李的第二笔是撇

C. 街的第一笔是撇　　D. 延的第四笔是竖

33. 被誉为"俄国文学之父",同时也是俄国浪漫主义文学的重要代表,俄国现实主义文学的奠基人的是(　　)

A. 普希金　　B. 托尔斯泰

C. 果戈理　　D. 高尔基

34. 下列四组字中,全是象形字的一组是(　　)

A. 人 鱼 口 象　　B. 手 丁 步 末

C. 山 月 贝 下　　D. 禾 刃 女 林

35. 当代文化参与旨在引导学生关注和参与当代文化生活,学习剖析、评价文化现象,积极参与中国特色社会主义先进文化的(　　)

A. 应用与传播　　B. 继承和发扬

C. 守正与创新　　D. 传播和交流

36. 教师通过语言(主要是口头语言)向学生系统地传授知识的方法是(　　)

A. 演示法　　B. 谈话法

C. 讲授法　　D. 练习法

37. 普通高中语文课程结构及学分设置中,必修为(　　)学分,选择性必修为6学分。

A.6　　B.7

C.8　　D.9

38. (　　)是搜集处理信息、认识世界、发展思维、获得审美体验的重要途径。

A. 阅读　　B. 写作

C. 口语交际　　D. 语言文字应用

39. 新课程理念把教学过程看作是(　　)

A. 教师的教与学生的学的过程。

B. 课程传递和执行的过程。

C. 师生交往、积极互动、共同发展的过程。

D. 知识传授与学生能力发展的过程。

40. 苦吟诗"两句三年得,一吟双泪流。知音如不赏,归卧故山秋"的作者是(　　)

A. 杜牧　　B. 许浑

C. 贾岛　　D. 姚合

41. "幸福的家庭都是相似的,不幸的家庭各有各的不幸"这一名句出自以下的哪一部作品(　　)

A.《安娜·卡列尼娜》　　B.《复活》

C.《战争与和平》　　D.《少年》

42. 下列句子中,节奏划分错误的一项是(　　)

A. 寒蝉/凄切,对/长亭/晚,骤雨/初歇。

B. 而/谋动/干戈/于邦内。

C. 纷吾/既有/此内美兮,又/重之/以修能。

D. 无边/落木/萧萧/下,不尽/长江/滚滚/来。

43. 下列句子中,加点词用法不同于其他的一项是(　　)

A. 火尚足以明也。

B. 是故圣益圣,愚益愚。

C. 问其深,则其好游者不能穷也。

D. 非常之观,常在于险远。

44. 下列各项中,文言句式不相同的一项是(　　)

A. 予羁縻不得还　　吾属今为之虏矣

B. 求人可使报秦者　　我持白璧一双

C. 是寡人之过也　　我为鱼肉

D. 故燕王欲结于君　　传以示美人及左右

45. 下列加点字的意思与例句相同的一项是(　　)

例:道芷阳间行

A. 间以诗记所遭　　B. 得间奔真州

C. 间至赵矣　　D. 肉食者谋之,又何间焉

46. 下列句子中,不是被动句的一项是(　　)

A. 孝文时诛死　　B. 昔王子师为豫州

C. 吾属今为之虏矣　　D. 居邑屋至不见敬

47. 下列句子中,没有使动用法的一项是(　　)

A. 栗深林兮惊层巅　　B. 襟三江而带五湖

C. 徐孺下陈蕃之榻　　D. 砯崖转石万壑雷

48. 对下列句子中加点的字的解释,不正确的一项是(　　)

A. 遂居焉　　焉:于之,在那里

B. 此非吾所以居处子也　　处:安顿

C. 其亲戚、兄弟、妻妾、知识　　知识:有文化学识的人

D. 嬉为贾人炫卖之事　　炫:沿街叫卖

49. 下列说法不正确的一项是(　　)

A. "向"字的本义是"朝北的窗户",后引申出"朝着""朝向"的含义。

B. "道"字的本义是"道德""天理",后引申出"道路""方法"的含义。

C. "朝"字的本义是"早晨",后引申为"朝见",再引申为"朝廷"和"朝代"的含义。

D. "解"字的本义是"分解牛",后引申出"解剖""分解"的含义。

50. 将文学风格分为四对八体的是(　　)

A.《文心雕龙》　　B.《诗品》

C.《修辞学发凡》　　D.《诗学》

51. "教学相长"作为中国古代一个重要的教育思想命题,首先提出它的是(　　)

A.《礼记·大学》　　B.《礼记·学记》

C.《荀子·劝学》　　D.《论语·学而》

52. 在"建安七子"中,被刘勰称为"七子之冠冕"的是(　　)

A. 孔融　　B. 刘桢

C. 王粲　　D. 陈琳

53. 我国格律诗的开端是(　　)

A. 宫体诗　　B. 永明体

C. 田园诗　　D. 山水诗

54. 下列不属于元末明初戏曲"四大传奇"的是(　　)

A.《拜月亭记》　　B.《杀狗记》

C.《白兔记》　　D.《南柯记》

55. 下列说法不正确的一项是(　　)

A. 在古汉语里,"夫"字用在句首,常常表示作者要发议论。

B. 在古汉语中,当"之"后面的一个词是动词或动词性短语时,"之"作结构助词"的"。

C. 古汉语中的"少"常用作副词,是"稍微、略微"的意思,相当于现代汉语中的"稍"。

D. "惟"字用在句首,是古人所谓的发语词,在记叙文中,句首的"惟"字常常引出年月日。

56. 下列说法不正确的一项是(　　)

A.《楚辞》的年代比《诗经》晚二三百年,地域上也相距较远,因而两部作品的用韵完全不一致。

B. 反切法是用两个汉字合注一个汉字的音,上字取声母,下字取韵母和声调,合成被注字的音。

C. 双声指的是两个字的声母相同,叠韵指的是两个字的韵腹和韵尾相同。因为语音系统的不同,古汉语的双声、叠韵和现代汉语的双声、叠韵并不完全一致。

D. 两个字的字形不同,意义不同,只是由于声音相同或相近,古人就用甲字来代替乙字,这种现象称为古音通假。

57. 古人有时不直接说出某人多少岁或自己多少岁,而是用一种与年龄有关的称谓来代替。下面属于儿童到成人的年龄称谓且按从小到大年龄称谓顺序排列正确的是(　　)

①束发　②而立　③垂髫　④总角　⑤期颐

⑥弱冠　⑦耄耋　⑧不惑　⑨花甲　⑩豆蔻

A. ②⑦⑤⑧①　　B. ③④①⑥⑨

C. ①③⑤⑥⑩　　D. ④⑥⑨⑩②

58.《杨修之死》选自(　　)

A.《史记》　　B.《三国演义》

C.《水浒传》　　D.《战国策》

59. 下列选项中,属于编年体历史著作的是(　　)

A.《左传》　　　B.《国语》

C.《史记》　　　D.《战国策》

60. 契诃夫在《变色龙》中,通过人物的自我表演,塑造了一个溜须拍马、见风使舵、趋炎附势的形象,他是(　　)

A. 赫留金　　　B. 奥楚蔑洛夫

C. 别里科夫　　　D. 普里希别耶夫

第二部分　主观题

一、简答题(本大题共2小题,每小题4分,共8分)

1.《普通高中语文课程标准》(2017年版)规定的语文学科四大核心素养之间的关系是怎样的?

2.《义务教育语文课程标准》(2011年版)提出:九年义务教育阶段的语文课程,必须面向全体学生,使学生获得基本的语文素养。试简述《义务教育语文课程标准》(2011年版)中的语文素养与我们传统所说的语文能力有什么不同?

二、案例分析题(本大题共8分)

阅读某教师的教学反思,回答下面的问题。

我在讲解古典诗歌的艺术创作手法时,《诗经》里"赋"与"兴"手法的运用往往成为学生理解的难点。朱熹关于"赋""比""兴"的定义虽然准确简洁,但老师如果照本宣科,学生会感到既难以理解,又枯燥无味。怎样才能化深奥为浅显,化抽象为形象,化枯燥为生动呢?我在讲"赋"和"兴"时引入了同学们喜欢和熟悉的流行歌曲。讲"赋"时,在解释了"赋"的含义实际上就是直接进行叙述或描写后,我引入了《小芳》的歌词:"村里有个姑娘叫小芳,长得美丽又善良,一双美丽的大眼睛,辫子粗又长……"指明这种从多方面进行描写的方法实际上就是古代所说的"赋"。讲"兴"时,我引入了《纤夫的爱》的歌词:"天不刮风天不下雨天上有太阳,妹不开口妹不说话妹心怎么想……"讲清了"先言他物以引起所咏之辞"的含义。这种以俗解雅的方法,在教学中显得轻松风趣,极大地调动了学生学习语文的兴趣。在这节课中,课堂气氛活跃,学生接受知识的效果也较好。

问题:请结合新课标对材料中教师的教学作出评析。

三、古诗文阅读题(本大题共2小题,共17分)

1. 阅读下面这篇文言文,然后回答问题。

许子良传

宋 濂

许子良,字肖说,东阳人。姿禀卓荦,幼诵书,一览通大义。及壮,驰骋经史,精文辞,尤长于科目之学。生徒欣欣从之,旬月间,辄知为文肯綮。嘉定丙子,以诗赋魁江东漕司,试礼部不利。嘉熙戊戌,始登进士第,年已五十余矣。

调余姚簿,未上。用宰相乔行简荐,监镇江西酒库。前此羸羡,率自入,子良不纳一札以上归公家,官吏相顾骇叹。淮东转运司辟主管帐司。濒江有芦场三十里所,民资其利,守边吏议清野,欲悉削去,子良谏之止。迁知晋陵县,版籍纷乱,官赋多放失。诸司督逋急如雷电,吏窜匿殆尽,前令以不良去。子良为稽逃亡,考隐漏,催科定繇,条绪粲然。

俄监安溪酒库,改宣教郎、知都昌县。库藏赤立,子良节缩浮冗,两年之间,供输遂有余。豪右设诡名以欺租赋,莫敢何问。子良列其主名揭于市,复从而一之。豪右慚愤,阴图中子良,无隙可乘而止。未几,有旨俾阅滞狱八十余,子良为翻案,一一谳之。虽累岁不引决者,一旦曲直皆白。

复转朝散郎,改知台州。弊蠹相仍,负上供钱二百余万。子良节缩如都昌,凡典例所宜得者亦谢去。居半载,郡计裕如。子良听讼,据案与两造相尔汝,以察其情。情既得,即决遣之,吏袖手旁睨具文书而已。同僚与吏无所容其私,皆忌之。吏白每岁以钱折米二万斛,子良又不许。而禁卒有不便者,于是嗾其殴狱吏以撼之,且相与出危言。子良知堕其计,即委印出关去。事上,降两官。贾似道开阃荆湖,辟主管机宜文字,且为辨其非辜,叙朝散郎。事有难处,他人不能置笔者,经子良议定,人无异辞。

景定庚申三月,卒于沔川,年七十五。

(选自《宋濂全集》,有删改)

(1)对下列句子中加点词的解释,不正确的一项是(　　)(2分)

A. 以诗赋魁江东漕司　　魁:居首位

B. 前此羸羡,率自入　　羡:多余的

C. 子良为稽逃亡　　稽:核查

D. 且为辨其非辜　　辜:辜负

(2)下列对原文有关内容的概括和分析,不正确的一项是(　　)(2分)

A. 许子良天资聪颖,精通经史,富有才华。他教授学生很得法,学生在很短的时间里就能领悟到做文章的关键。

B. 都昌豪门大族捏造假名来逃避租税,以前无人敢过问,而许子良上任以后厉行整治,将主使者的姓名公布于众并上报朝廷。

C. 在台州时,许子良的同僚和下属因无法营私,都很忌恨他,然后设计陷害子良,子良只好弃官印逃离。

D. 撰写文书时他人感到不好下笔的地方,一经与许子良商定,其他人也就没有异议了,充分显示了许子良的才能与威望。

(3)把文中画线的句子翻译成现代汉语。(4分)

①诸司督逋急如雷电,吏窜匿殆尽,前令以不良去。

②虽累岁不引决者,一旦曲直皆白。

(4)文中哪些事情可以看出许子良克己奉公的品质?请简要概括。(2分)

2. 阅读下面的宋词,然后回答问题。

定风波[①]

(宋)范仲淹

罗绮满城春欲暮,百花洲上寻芳去。浦映□花花映浦[②]。无尽处,恍然身入桃源路。

莫怪山翁聊逸豫,功名得丧归时数。莺解新声蝶解舞。天赋与,争教我辈无欢绪。

【注】①庆历六年,因得罪了宰相吕夷简,范仲淹被贬放河南邓州,在此间,他营建了百花洲和花洲书院,本词即为应制之作。

②本句□处原缺一字,疑为"梅"。范仲淹曾多次提到穰下有梅。《献百花洲图上陈州晏相公》云:"梅比汉南迟。"并在此句下自注:"京洛而南至邓始有梅焉,梅比襄阳又晚一月。"《依韵和提刑张太博寄梅》又云:"穰下此花留未发。"据此推之,穰下春深时节正是梅花盛开之日。

(1)请简要赏析上片描写的内容,并说说蕴含了作者什么样的思想感情。(3分)

(2)同是庆历六年的作品,本词和《岳阳楼记》表达的情感有何异同?请试作分析。(4分)

四、教学设计题(本大题共17分)

阅读统编版语文教材《狼》一课,简要写出一课时的教学设计。

狼

蒲松龄

一屠晚归,担中肉尽,止有剩骨。途中两狼,缀行甚远。

屠惧,投以骨。一狼得骨止,一狼仍从。复投之,后狼止而前狼又至。骨已尽矣,而两狼之并驱如故。

屠大窘,恐前后受其敌。顾野有麦场,场主积薪其中,苫蔽成丘。屠乃奔倚其下,弛担持刀。狼不敢前,眈眈相向。

少时,一狼径去,其一犬坐于前。久之,目似瞑,意暇甚。屠暴起,以刀劈狼首,又数刀毙之。方欲行,转视积薪后,一狼洞其中,意将隧入以攻其后也。身已半入,止露尻尾。屠自后断其股,亦毙之。乃悟前狼假寐,盖以诱敌。

狼亦黠矣,而顷刻两毙,禽兽之变诈几何哉?止增笑耳。

绝密★启封前 姓名______ 准考证号______

教师招聘考试最后冲刺试卷(七)

中学语文

(时间120分钟 满分100分)

本套试卷共22小题,包括单项选择题(10小题)、填空题(3小题)、简答题(3小题)、鉴赏题(3小题)、案例分析题(2小题)、技能应用题(1小题)。

一、单项选择题(本大题共10小题,每小题3分,共30分)

1. 下列词语中,加点字的读音全都相同的一项是( )

A. 商贾/蛊惑 修葺/蹊跷 蓓蕾/并行不悖 炽热/叱咤风云

B. 跻身/畸形 凫水/辐射 干涸/一丘之貉 信笺/草菅人命

C. 桔梗/攻讦 镌刻/隽永 惬意/锲而不舍 对峙/鳞次栉比

D. 阴霾/埋怨 场院/徜徉 甄别/日臻完善 翩跹/屡见不鲜

2. 下列句子中,加点词语使用不正确的一项是( )

A. 那是一张合影,左边是一位英俊的解放军战士,右边是一位文弱的莘莘学子。

B. 除了桂林山水外,江西龙虎山的仙女岩也是举世无双的。

C. 灾区的人们不是在孤军奋战,千千万万的国人在和他们一起守望相助。

D. 每个品牌的背后都有若干人努力拼搏的汗水,他们沥尽心血换来品牌的屹立不倒。

3. 下列各句中,没有语病的一项是( )

A. 不仅诺贝尔文学奖是一个迟到差不多半个世纪的奖,重新唤起了鲍勃·迪伦的诗人身份,更跳出了过去十年的文学奖逻辑。

B. 尽管我国文坛涌现出了一批优秀的长篇小说,但令人无法回避的现实是,多数获奖作品并未进入当下多数国人的阅读视野,最终难以成为传承久远的经典之作。

C. 纪录片《我在故宫修文物》第一次完整呈现世界顶级的文物修复技术,围绕着现代人和古老文物之间的互动为核心命题,集中展示了文物修复专家们的工匠精神。

D. 未来的数字货币要在保护隐私和打击违法犯罪之间找到平衡点,尤其针对洗钱、恐怖主义等犯罪行为要保留必要的遏制。

4. 下列著作和作者对应不正确的一项是( )

A. 姜夔《白石道人诗说》 B. 梁启超《饮冰室合集》

C. 王士祯《白雨斋词话》 D. 谢榛《四溟诗话》

5. 下列各句中,标点符号使用有误的一项是( )

A. "马上开会了,"班长环视着会场说,"请不要讲话。"

B. 他看上去十二、三岁的模样,很有朝气。

C. 我不知道这条路能不能走通,但我也要坚持走下去。

D. 英国诗人雪莱在他的《西风颂》里写道:"冬天已经到了,春天还会远吗?"

6. 下列在文中横线处补写的语句,最恰当的一项是( )

世界上曾经出现过成千上万个民族,有的已经消亡了,有的正在走向消亡,有些在不断的融合中继续前进。中华民族就是一例。________。在这个大家庭中,人口最多的是汉族。还有很多的少数民族定居在中华民族的疆域中,融入汉族或者保留着自己的民俗和文化特色,成为中华民族中的一员。

A. 中国境内有56个民族,共同组成中华民族大家庭,每个民族都有自己的发展历史。

B. 中国境内有56个民族,每个民族都有自己的发展历史,共同组成中华民族大家庭。

C. 每个民族都有自己的发展历史,中国境内有56个民族,共同组成中华民族大家庭。

D. 中华民族大家庭包括了中国境内的56个民族,每个民族都有自己的发展历史过程。

7. 下列有关文学常识的表述不正确的一项是( )

A. 骈文是一种和散文相对的文体,起源于汉末,形成于魏晋,盛行于南北朝,它的最大特点是讲究对仗,即所谓"骈偶"(两马并驾为骈,两人并处为偶)。

B. 笔记体散文,属于古文中的杂记一类,因随笔所记,体制短小,形式活泼,故名笔记文。它特色各异,如刘义庆的《世说新语》重品评人物,沈括的《梦溪笔谈》重经世致用等。

C. 乐府起始于汉代,是汉武帝时期建立的管理音乐的一个宫廷官署,主要掌管音乐,并监管搜集各地的民歌,配上音乐,便于在朝廷宴饮或祭祀时演唱,乐府搜集演唱的诗歌被称为乐府诗。

D. 歌行是古体诗的一种,汉乐府诗题多用歌、行、曲、引、吟、叹、怨等,其中以"歌""行"最多,逐渐合称为一种诗体名。著名的作品有白居易的《长恨歌》等。

8. 以下成语典故不是出自《庄子》的是( )

A. 善始善终 B. 爱屋及乌

C. 庖丁解牛 D. 螳臂当车

9. 下列诗句中修辞手法与其他三项不同的一项是( )

A. 倩何人唤取,红巾翠袖,揾英雄泪?

B. 五十年间万事空,懒将白发对青铜。

C. 总为浮云能蔽日,长安不见使人愁。

D. 一雨池塘水面平,淡磨明镜照檐楹。

10. 下列对《义务教育语文课程标准》(2011年版)"第四学段"(7~9年级)目标与内容的表述,不正确

的一项是(　　)

A. 能熟练地使用字典、词典独立识字，会用多种检字方法，累计认识常用汉字3500个左右。

B. 养成默读习惯，有一定的速度，阅读一般的现代文，每分钟不少于500字。

C. 学会制定自己的阅读计划，广泛阅读各种类型的读物，课外阅读总量不少于260万字，每学年阅读两三部名著。背诵优秀诗文80篇(段)。

D. 写作不可发挥自己的想象，力求真实表达自己对自然、社会、人生的感受、体验和思考。

二、填空题(本大题共3小题，每空1分，共10分)

11. 补写出下列句子中的空缺部分。

(1)荀子在《劝学》中的“____________，____________”两句，以雕刻为喻，阐明了只有坚持不懈、持之以恒，才会有所成就的道理。

(2)王湾《次北固山下》中“____________，____________”两句，描绘了昼夜和冬春交替过程中的景象。

(3)辛弃疾在《永遇乐·京口北固亭怀古》中写古代英雄驰骋疆场、气势磅礴的两句是“____________，____________”。

12. ________代著名文人柳宗元的散文名篇《________》揭露了封建统治者对劳动人民的残酷压迫和剥削，表达了作者对劳动人民的深切同情，反映了当时“苛政猛于虎”的社会现实。

13. 普通高中语文课程，应使全体学生在义务教育的基础上，进一步提高____________，形成良好的思想道德修养和科学人文修养，为____________奠定基础。

三、简答题(本大题共3小题，每小题6分，共18分)

14. 简述关汉卿杂剧的艺术特点。

15. 简述郭沫若的诗集《女神》的文学成就。

16. 简述《普通高中语文课程标准》(2017年版)“学习任务群5：文学阅读与写作”的学习目标与内容。

四、鉴赏题(本大题共3小题，共16分)

17. 阅读下面的文字，然后回答问题。(5分)

巴金，原名李尧棠，现当代著名文学家、出版家、翻译家。同时也被誉为“五四”新文化运动以来最有影响的作家之一，是20世纪中国杰出的文学大师、中国当代文坛的巨匠。《家》是其代表作，也是我国现代文学史上最卓越的作品之一。在《家》中，巴金刻画了一系列悲剧女性的形象，如瑞珏、鸣凤等。

试结合巴金的作品《家》，分析其作品中的悲剧女性形象。

18. 阅读下面这首唐诗，完成后面的问题。

巴西[①]驿亭观江涨，呈窦十五使君(其一)

杜 甫

宿雨南江涨，波涛乱远峰。

孤亭凌喷薄，万井[②]逼春容[③]。

霄汉愁高鸟，泥沙困老龙。

天边同客舍，携我豁心胸。

【注】①巴西：唐绵州和阆州都称巴西，此处指绵州。②万井：指巴郡。③春容：江水冲激之声。

(1)与诗的首联相比，颈联描写江涨之景的角度有何不同？请简要分析。(3分)

(2)本诗表达的情感较为复杂，请简要分析。(3分)

19. 试赏析《离骚》的开篇艺术。(5分)

离 骚

屈 原

帝高阳之苗裔兮，朕皇考曰伯庸。

摄提贞于孟陬兮，惟庚寅吾以降。

皇览揆余初度兮，肇锡余以嘉名。

名余曰正则兮，字余曰灵均。

纷吾既有此内美兮，又重之以修能。

扈江离与辟芷兮，纫秋兰以为佩。

五、案例分析题(本大题共2小题，每小题6分，共12分)

20. 下面是某教师执教《卖油翁》导入时的教学片段。

师：同学们，读完课文，大家有哪些不明白的问题？

生1：卖油翁为什么"睨之""但微颔之"？与其地位、身份是否相吻合？

生2：文中"笑"的含义是什么？

生3：卖油翁酌油要告诉我们一个什么道理？

师：同学们在读书时都动了脑筋。下面我们就来一起学习课文，解决这些问题，好吗？

生：好！

师：请同学们仔细读课文……

问题：请从自主学习的角度评析上述教学片段，说一说对引导学生自主学习的看法。

21. 苏洵《木假山记》教学实录片段。

师："三苏"父子才华横溢，雄视古今，可谓空前绝后。今天让我们走近"三苏"中的父亲苏洵，学习他的《木假山记》。哪位同学愿意为我们介绍一下苏洵？

生1：苏洵，字明允，号老泉。

生2：我们学过他的《六国论》，他认为六国破灭，弊在赂秦。实际上是借古讽今，指责宋王朝的屈辱政策。

生3：苏洵的散文论点鲜明，论据有力，语言锋利，纵横恣肆。

师：还有吗？

生4：有，我可以把从网上下载的资料告诉大家吗？

师：当然可以，你真是一个善于学习的学生。

生4：苏洵生于乡村，10岁左右迁居眉城。他年轻时"游荡不学""年二十七始发愤"，闭户读书。他两次应试未中，便毅然抛弃科举，精读六经百家，探求古今治乱成败，并寄希望于苏轼兄弟，希望他们能进入仕途，求取功名。宋仁宗嘉祐元年(1056年)5月，苏洵带着苏轼、苏辙一同到了京城开封，秋天参加礼部初试，明春殿试兄弟二人被点为进士。"三苏"文章，各有千秋：苏洵文章奇峭雄拔，有先秦之风；苏轼文章纵横奔放，雄视百世，诗词豪放，飘逸不群；苏辙文章高雅，平正中有奇气……

问题:以上教学实录片段属于教学过程的哪一个环节?阅读判断并作出评价。

六、技能应用题(本大题共14分)

22. 如果你准备执教《土地的誓言》一课,请你完成下面的三项任务。

附《土地的誓言》原文:

对于广大的关东原野,我心里怀着挚痛的热爱。我无时无刻不听见她呼唤我的名字,无时无刻不听见她召唤我回去。我有时把手放在胸膛上,知道我的心是跳跃的。我的心还在喷涌着血液吧,因为我常常感到它在泛滥着一种热情。当我躺在土地上的时候,当我仰望天上的星星,手里握着一把泥土的时候,或者当我回想起儿时的往事的时候,我想起那参天碧绿的白桦林,标直漂亮的白桦树在原野上呻吟;我看见奔流似的马群,听见蒙古狗深夜的嗥鸣和皮鞭滚落在山涧里的脆响;我想起红布似的高粱,金黄的豆粒,黑色的土地,红玉的脸庞,黑玉的眼睛,斑斓的山雕,奔驰的鹿群,带着松香气味的煤块,带着赤色的足金;我想起幽远的车铃,晴天里马儿戴着串铃在溜直的大道上跑着,狐仙姑深夜的谰语,原野上怪诞的狂风……这时我听到故乡在召唤我,故乡有一种声音在召唤着我。她低低地呼唤着我的名字,声音是那样的急切,使我不得不回去。我总是被这种声音所缠绕,不管我走到哪里,即使我睡得很沉,或者在睡梦中突然惊醒的时候,我都会突然想到是我应该回去的时候了。我必须回去,我从来没想过离开她。这种声音是不可阻止的,是不能选择的。这种声音已经和我的心取得了永远的沟通。当我记起故乡的时候,我便能看见那大地的深层,在翻滚着一种红熟的浆液,这声音便是从那里来的。在那亘古的地层里,有着一股燃烧的洪流,像我的心喷涌着血液一样。这个我是知道的,我常常把手放在大地上,我会感到她在跳跃,和我的心的跳跃是一样的。它们从来没有停息,它们的热血一直在流,在热情的默契里它们彼此呼唤着,终有一天它们要汇合在一起。

土地是我的母亲,我的每一寸皮肤,都有着土粒;我的手掌一接近土地,心就变得平静。我是土地的族系,我不能离开她。在故乡的土地上,我印下无数的脚印。在那田垄里埋葬过我的欢笑,在那稻棵上我捉过蚱蜢,在那沉重的镐头上有我的手印。我吃过我自己种的白菜。故乡的土壤是香的。在春天,东风吹起的时候,土壤的香气便在田野里飘起。河流浅浅地流过,柳条像一阵烟雨似的窜出来,空气里都有一种欢喜的声音。原野到处有一种鸣叫,天空清亮透明,劳动的声音从这头响到那头。秋天,银线似的蛛丝在牛角上挂着,粮车拉粮回来,麻雀吃厌了,这里那里到处飞。

禾稻的香气是强烈的,碾着新谷的场院辘辘地响着,多么美丽,多么丰饶……没有人能够忘记她。我必定为她而战斗到底。土地,原野,我的家乡,你必须被解放!你必须站立!夜夜我听见马蹄奔驰的声音,草原的儿子在黎明的天边呼唤。这时我起来,我寻天空中北方的大熊,在它金色的光芒之下,是我的家乡。我向那边注视着,注视着,直到天边破晓。我永不能忘记,因为我答应过她,我要回到她的身边,我答应过我一定会回去。为了她,我愿付出一切。我必须看见一个更美丽的故乡出现在我的面前——或者我的坟前,而我将用我的泪水,洗去她一切的污秽和耻辱。

"九一八"十周年写。

(1)设计这篇课文的教学目标。(6分)

(2)设计这篇课文的导入语。(4分)

(3)设计一道思考题并给出答案解析。(4分)

绝密★启封前　　　　姓名______　　准考证号______

教师招聘考试最后冲刺试卷(八)

中学语文

(时间120分钟　满分100分)

本套试卷共17小题,包括单项选择题(6小题)、填空题(3小题)、简答题(3小题)、鉴赏题(3小题)、案例分析题(1小题)、技能应用题(1小题)。

一、单项选择题(本大题共6小题,每小题2分,共12分)

1. 下列各组词语中,加点字读音全对的一项是(　　)

A. 浑家(hún)　胆怯(qiè)　拽砖头(zhuài)　叨陪鲤对(tāo)

B. 稽首(qǐ)　脖颈(gěng)　棹孤舟(zhào)　盛筵难再(yàn)

C. 泅水(qiú)　睢园(suī)　宿舂粮(chōng)　决起而飞(xuè)

D. 蚱蜢(zhà)　狡黠(jié)　迂夫子(yū)　命途多舛(chuǎn)

2. 依次填入下列横线处的词语,最恰当的一项是(　　)

①当地蓝印布创作受张謇文化的________,源远流长,底蕴丰厚。当今人们既尊崇传统,又勇于创新,风格________,为中国印布事业作出突出贡献。

②在游子的脑海中,只有故乡,熟悉并且________,它犹如一个味觉定位系统,一头________了千里之外的异地。

A. 滋润　绚丽多彩　顽固　框定

B. 滋养　绚丽多彩　稳固　锁定

C. 滋润　多姿多彩　稳固　框定

D. 滋养　多姿多彩　顽固　锁定

3. 下列各句中,没有运用通感的修辞手法的一项是(　　)

A. 大陆上的秋天,无论是疏雨滴梧桐,或是骤雨打荷叶,听去总有一点凄凉、凄清、凄楚。

B. 这一天,我像是在一支雄伟而瑰丽的交响乐中飞翔。

C. 每条岭都是那么的温柔,虽然下自山脚,上至岭顶,长满了珍贵的树木,可谁也不孤峰突起,盛气凌人。

D. 但光与影有着和谐的旋律,如梵婀玲上奏着的名曲。

4. 依次填入下面一段文字横线处的语句,衔接最恰当的一项是(　　)

在我国古代,人们盛物用的器皿除了陶器等之外,还有一种容器,是葫芦。________,________。________,________,________。

①最早的记载见于《诗经》,如《公刘》篇中"酌之用匏"的"匏"就是指葫芦

②用葫芦作容器是先民们认识自然、利用自然的结果

③葫芦是一种葫芦科爬藤植物的果实

④葫芦成熟后,掏空里面的籽瓤,即可当容器使用

⑤它大多呈哑铃状,上面小下面大

⑥我国劳动人民使用葫芦盛物的历史非常悠久

A. ⑥②③⑤④①　　B. ⑥①④②③⑤

C. ⑤③④①⑥②　　D. ③⑤④⑥①②

5. 下列各项中关于作家、作品与国籍对应不正确的一项是(　　)

A. 法国—雨果—《巴黎圣母院》　　B. 奥地利—卡夫卡—《城堡》

C. 英国—艾略特—《荒原》　　D. 日本—川端康成—《挪威的森林》

6. 下列关于《普通高中语文课程标准》(2017年版)内容说法不正确的一项是(　　)

A. 普通高中语文课程由必修、选择性必修、选修三类课程构成。三类课程分别安排7—9个学习任务群。

B. 中华优秀传统文化、革命文化和跨文化专题研讨方面的内容始终贯串必修、选择性必修、选修。

C. 必修课程8学分;选择性必修课程6学分;选修课程设计12学分,供学生自由选择。

D. 对于选择性必修课程和选修课程,教师应根据学生个人未来发展的意愿和学业状况,有针对性地给予指导,使学生获得良好的发展方向和空间。

二、填空题(本大题共3小题,每空1分,共10分)

7. (1)四十三年,____________,烽火扬州路。可堪回首,____________,一片神鸦社鼓。(辛弃疾《永遇乐·京口北固亭怀古》)

(2)____________,日月照耀金银台。____________,云之君兮纷纷而来下。(李白《梦游天姥吟留别》)

(3)故木受绳则直,____________。君子博学而日参省乎己,____________。(荀子《劝学》)

8. 荷马史诗包括《________》和《________》两部分。

9. 教学时应注意教学内容的________________,发挥语文课程的熏陶感染作用。尊重学生独特的________________。

三、简答题(本大题共3小题,共16分)

10. 简述谢灵运山水诗的艺术成就。(5分)

11. 郁达夫的创作有何特点?(6分)

12. 简述选择性必修和选修课程学习要求。(5分)

四、鉴赏题(本大题共3小题,共41分)

13. 阅读下面的文言文,完成后面的问题。

秦数败赵兵,廉颇坚壁不出。赵王以颇失亡多而更怯不战,怒,数让之。应侯又使人行千金于赵为反间,曰:"秦之所畏,独畏马服君(赵奢)之子赵括为将耳!廉颇易与,且降矣!"赵王遂以赵括代颇将。蔺相如曰:"王以名使括,若胶柱鼓瑟耳。括徒能读其父书传,不知合变也。"王不听。

初,赵括自少时学兵法,以天下莫能当;尝与其父奢言兵事,奢不能难,然不谓善。括母问其故,奢曰:"兵,死地也,而括易言之。使赵不将括则已;若必将之,破赵军者必括也。"及括将行,其母上书,言括不可使。王曰:"何以?"对曰:"始妾事其父,时为将,身所奉饭而进食者以十数,所友者以百数,王及宗室所赏赐者,尽以与军吏士大夫;受命之日,不问家事。今括一旦为将,东乡而朝,军吏无敢仰视之者;王所赐金帛,归藏于家,而日视便利田宅可买者买之。王以为如其父,父子异心,愿王勿遣!"王曰:"母置之,吾已决矣!"母因曰:"即如有不称,妾请无随坐。"赵王许之。

秦王闻括已为赵将,乃阴使武安君(白起)为上将军而王龁为裨将,令军中:"有敢泄武安君将者斩!"赵括至军,悉更约束,易置军吏,出兵击秦师。武安君佯败而走,张二奇兵以劫之。赵括乘胜追造秦壁,壁坚拒不得入;奇兵二万五千人绝赵军之后,又五千骑绝赵壁间。赵军分而为二,粮道绝。武安君出轻兵击之,赵战不利,因筑壁坚守以待救至。秦王闻赵食道绝,自如河内发民年十五以上悉诣长平,遮绝赵救兵及粮食。齐人、楚人救赵。赵人乏食,请粟于齐,齐王弗许。

九月,赵军食绝四十六日,皆内阴相杀食。急来攻秦垒,欲出为四队,四五复之,不能出。赵括自出锐卒搏战,秦人射杀之。赵师大败,卒四十万人皆降。武安君曰:"秦已拔上党,上党民不乐为秦而归赵。赵卒反覆,非尽杀之,恐为乱。"乃挟诈而尽坑杀之。遗其小者二百四十人归赵,前后斩首虏四十五万人,赵人大震。

(选自《资治通鉴》,有删改)

(1)解释下列句子中的加点词。(4分)

①怒,数让之　　让:________

②奢不能难　　难:________

③妾请无随坐　　坐:________

④张二奇兵以劫之　　张:________

(2)将文中画线的句子翻译成现代汉语。(6分)

①使赵不将括则已;若必将之,破赵军者必括也。

②秦王闻赵食道绝,自如河内发民年十五以上悉诣长平。

(3)赵括熟谙兵法,为什么招致惨败?请从赵括自身分析。(6分)

14. 请仔细阅读张若虚的《春江花月夜》,并从诗文意境、景情关系方面写一篇300字左右的鉴赏文章。(10分)

春江花月夜

(唐)张若虚

春江潮水连海平,海上明月共潮生。滟滟随波千万里,何处春江无月明。
江流宛转绕芳甸,月照花林皆似霰。 空里流霜不觉飞,汀上白沙看不见。
江天一色无纤尘,皎皎空中孤月轮。江畔何人初见月?江月何年初照人?
人生代代无穷已,江月年年望相似。不知江月待何人,但见长江送流水。
白云一片去悠悠,青枫浦上不胜愁。谁家今夜扁舟子?何处相思明月楼?
可怜楼上月裴回,应照离人妆镜台。玉户帘中卷不去,捣衣砧上拂还来。
此时相望不相闻,愿逐月华流照君。鸿雁长飞光不度,鱼龙潜跃水成文。
昨夜闲潭梦落花,可怜春半不还家。江水流春去欲尽,江潭落月复西斜。
斜月沉沉藏海雾,碣石潇湘无限路。不知乘月几人归,落月摇情满江树。

15. 阅读下面这篇文章,回答问题。

厨师的书法

周华诚

老余炖的汤瓶鸡,一绝。

我千里迢迢从北京过来,一定要赶到小饭店去吃个汤瓶鸡。老余的小饭店在大山深处,国道边上,一路七弯八绕,才能在小饭店里吃上一顿。

放下筷子,却是深深的满足:

"道道菜都好吃!"

小饭店开了三十年,如今已成风景。饭店老板兼首席大厨老余,是风景中的风景。

老余技艺满身,会做菜还能聊天。会做菜不稀奇,一介大厨,没有几手绝活,怎么行?没有推陈出新的功夫,怎么在饮食丛林里屹立不倒?所以作为大厨,手中一柄铁勺,那是安身立命的武器,舞得天花乱坠,舞出一朵花来,也不是什么过分的事,吃饭工具而已。但能聊天,就不一样了。

老余聊天,并非瞎扯。老余聊天,是海聊,神聊,就如说书一般,娓娓道来,使人如沐春风,如浴温泉,一席终了,宾主尽欢,来者神清气爽,依依拱手作别。老余有如此功力,那是因为:一、老余有聊天的天赋;二、老余肚里有故事。有时候,你真说不好那些食客来到这里,到底是为了吃老余做的汤瓶鸡呢,还是为了听老余讲故事。

但老余最好的本事,乃在书法。四十年前,老余还是小余,小余还是村庄里小学校的代课老师,小余老师在教孩子们识字的时候,认识到把字写好是一件很重要的事。于是他开始学写字。后来,他出了门,打工谋生,不得不把手中的毛笔也放下了。

一人一瓶啤酒,我和当年的小余、现在的老余,面对面坐着聊天。老余说,他这家小饭店,其实不只是家小饭店。我的理解是,这既是老余自我修行、观照内心的地方,也是老余结交众生、看见世界的地方。

怎么说呢,老余1985年从外地回到老家,跟妻子一道,在镇上开了一家饭店,名曰"春燕"——春天的燕子飞回来了。就此,老余开启了他作为一名厨师的生涯。从此以后,锅碗瓢盆,油盐酱醋,老余的日子充满了人间的烟火,充满了扎实的幸福。几年之后,小饭店挪了地方,转移到百步远的一幢小木屋。老余又把饭店的名字改为"途中",一直用到现在。我问老余,"途中"何谓?

老余答曰,活着活着,越来越明白,人生永远是在半道上。比方说吧,我老余菜烧得好,方圆百里,大家都知道我老余厨艺不错,这就到顶了吗?不可能。山外有山,天外有天。开饭店挣了钱,日子过得舒坦起来,我就可以跷跷二郎腿了吗?远着呢。人活着,哪里是为了挣钱?一天不干活,我一天就不痛快。这是为了过得充实——那我老余,为什么还要写字呢?写字,那是我的爱好,是心里真正欢喜的事。后来我把这个爱好又捡起来了。我一拿起笔,笔墨一动,宣纸上划拉出笔画线条来,嘿!我的精神就愉快了……你说,我是不是,每件事,都是在途中?

老余见我点头,又说,你再看看这个"途"字。余,在走路。说明我老余,一直是在路上的。这是一种快乐。一路上看看风景,不是很好吗?

现在老余一有空,就钻进二楼的书房,在那里练字。他一钻进书房,身上的烟火气就消失了,就有了书卷气,有了沉静气。他习的是王羲之的帖。我问老余,写字跟做菜,有相通吗?老余说,异曲同工。做菜要掌握火候,知道什么时候加料;写字要懂得运笔,熟悉笔墨的性情。

这么一想,老余说得真对。做菜,写字,道理是相通的。说白了,是一种悟性,是你对工具的熟悉。当你对笔墨与纸的关系,或者对菜肴与水火的关系,了解透彻,运用娴熟之时,这些东西就会成为表达内心的一种工具。工具不再重要,内心才变得最重要。

这就是境界。这也是人生。

对老余来说,做菜的时候,锅铲就是他的毛笔;写字的时候,毛笔就是他的锅铲。做什么不重要,用什么心思去做,才是最重要的。

比方说吧,有一回,有熟客要接待朋友,让老余煨好二十个汤瓶鸡,第二天中午送到县城去。老余想来想去,决定不送。不送,不是因为老余耍大牌,也不是嫌路太远,更不是炖不出那么些鸡。真正的原因,是老余知道他的汤瓶鸡,只有在这个山高林密的路边饭店,味道才正宗。他煨汤瓶鸡,要用木炭火,煨上三小时。快了,猛了,出来的味道都不对;煨好送去,肉老了,汤凉了,味道更不对——到时,岂不是要砸他的招牌呢?

也只好得罪一下熟客了。

老余开店几十年,三教九流的人,都见识过,都打过交道。老余听话听音,三句话一接,就知道对方的身份甚至口味。

现在,老余也是偶尔才下厨了。他下厨已不再是为了挣钱。就像他写字,不是为了搞艺术一样。人家说,老余,你的字这么好,可以去参加省展、国展了。老余摇头,说不去。人家王羲之、张旭,有没

有参加过省展、国展？肯定没有嘛。人家又说，老余，你的饭店这么有名，怎么不多开几家分店，搞一个连锁。老余也摇头，我只要一个小小的店就够了。

继续喝酒，聊天。老余说，做菜跟书法，还有一个相通的地方，就是永远没有第一，也永远没有终点——不过都是"途中"。

我盛了一碗鸡汤，慢慢喝了，味道真好。溪鱼、老豆腐、丝瓜、红烧肉，道道菜都好吃……

（选自《人民日报》2019年08月14日，有删改）

(1)下列对本文相关内容和艺术特色的分析鉴赏，不正确的一项是(　　)(3分)

A. 文章标题命名为"厨师的书法"，写厨师不言其厨艺，却强调其书法，新颖别致，能激发读者的阅读兴趣。

B. 老余一钻进书房，身上的烟火气就没有了，书法使老余得以从琐碎的生意中超脱，达到了更高的人生境界。

C. 文章运用正、侧面描写相结合的方式，刻画了一个厨艺高超、书法精妙、淡泊名利、内心通透的人物。

D. 结尾"道道菜都好吃"与开篇形成呼应，既突出了老余高超的厨艺，也有对他人生态度与境界的赞美。

(2)老余为自己饭店改名为"途中"，请结合全文分析"途中"包含的意蕴。(6分)

(3)本文在语言表达上颇具特色，请结合全文简要分析。(6分)

五、案例分析题(本大题共8分)

16. 杜甫《登高》教学实录片段。

师：同学们愿意听电影故事吗？

生：愿意！

师：不过，这不是一个欢乐的故事，而是一个凄楚悲凉的故事。听完，心情会很沉重。我还要给大家提个要求，因为是电影故事，请大家边听边在脑海中把这个故事转化成电影画面，我相信大家都是杰出的"电影摄影师"，一定能够在脑海中把画面构想得很逼真，并且每人都能够身临其境地去体会。大家能做到吗？

生：能！

师：(语调低沉，语速缓慢，满怀感情)1200多年前，一个秋天，九月初九重阳节前后，夔州，长江边。大风凛冽地吹，江边万木凋零。树叶在天空中飘飘洒洒，漫山遍野满是衰败、枯黄的树叶。江水滚滚翻腾，急剧地向前冲击。凄冷的风中，有几只孤鸟在天空中盘旋。远处还不时传来几声猿的哀鸣。这时，一位老人朝山上走来，他衣衫褴褛，老眼浑浊，蓬头垢面。老人步履蹒跚，跌跌撞撞。他已经满身疾病，有肺病、疟疾、风痹，而且已经"右臂偏枯耳半聋"。重阳节，是登高祈求长寿的节日。可是这位老人，一生坎坷，穷困潦倒，似乎已经走到了生命的冬季。此时，国家正处在战乱之中，他远离家乡，孤独地一个人在外漂泊。面对万里江天，面对孤独的飞鸟，面对衰败的枯树，老人百感千愁涌上心头……

(放音乐《二泉映月》，老师在乐声中满怀深情地朗诵《登高》全诗。课堂中气氛凝重，有些学生流下泪来。)

问题：请结合案例，谈谈你对这位教师的导入语设计的看法。

六、技能应用题(本大题共13分)

17. 如果你准备执教《陋室铭》一课，请你做两件事：

陋室铭

山不在高，有仙则名。水不在深，有龙则灵。斯是陋室，惟吾德馨。苔痕上阶绿，草色入帘青。谈笑有鸿儒，往来无白丁。可以调素琴，阅金经。无丝竹之乱耳，无案牍之劳形。南阳诸葛庐，西蜀子云亭。孔子云：何陋之有？

(1)设计一个课堂提问，并预想学生可能作出的三种回答，再根据预想中的任一种回答，设计一个追问。(6分)

(2)为本课设计一个结束语。(7分)

绝密★启封前　　　　姓名______　　　准考证号________

教师招聘考试终极密押试卷(一)

中学语文

(时间150分钟　满分120分)

本套试卷共49小题,包括单项选择题(40小题)、文言文阅读题(4小题)、诗词鉴赏题(3小题)、案例分析题(1小题)、作文题(1小题)。

一、单项选择题(本大题共40小题,每小题1分,共40分)

1. 下列说法错误的一项是(　　)

A. 语音同其他声音一样,具有音高、音强、音长、音色四个要素。

B. 声调是构成汉语音节的三要素之一,它同声母韵母一样具有区别意义的作用。

C. 对普通话音节结构作深层次分析,一般一个完整的音节应该具备声母、韵头、韵腹、韵尾四个部分。

D. 儿化是指韵母“er”跟在其他韵母之后,使那个韵母具备卷舌动作,这种语音现象就叫儿化。

2. 下列各组字,全部是指事字的一项是(　　)

A. 鹿　朱　江　　　　B. 上　一　亦

C. 刃　莫　从　　　　D. 臭　星　向

3. 下列表述不正确的一项是(　　)

A.“区”字的最后一笔是“竖折”

B.“火”字的笔顺是“点、长撇、短撇、捺”。

C.“必”字的最后一笔是“撇”。

D.“像”的笔画数是13,第七画是“横”。

4. 下列加点字的读音完全不相同的一项是(　　)

A. 惶恐　装潢　炎黄子孙　慌里慌张

B. 惊悚　诉讼　耸人听闻　竦身一摇

C. 间隔　休闲　草菅人命　言简意赅

D. 炮制　跑跳　坚船利炮　袍泽之谊

5. 下列各句中,没有错别字的一项是(　　)

A. 自由和平等的爽朗秋天如不到来,黑人义愤填膺的酷暑就不会过去。

B. 这时,人们看见他那一直干躁如焚的独眼里,滚出了一大颗眼泪。

C. 他对这一切毫不在意,把它们当作蛛丝一样轻轻拂去,只是在不得已时才纟

D. 死里逃生的女人们冒着大雪走出地狱般的消毒室,她们有如做了一场厄梦

6. 下列结构不相同的一组成语是(　　)

A. 毛遂自荐　胸有成竹

B. 中流砥柱　孜孜不倦

C. 天翻地覆　营私舞弊

D. 守株待兔　异想天开

7. 下列句子变换后意思发生变化的一项是(　　)

A. 原句:这里的景色这么美,怎能不使我们流连忘返呢?

改句:这里的景色这么美,使我们流连忘返。

B. 原句:我们不能因为学习任务重而不参加体育活动。

改句:我们怎么不能因为学习任务重而不参加体育活动呢?

C. 原句:那些无时无刻不注意自己健康的人就像守财奴一样,只会死守一个宝库,却从来没有足够的精力去享用它。

改句:那些每时每刻都注意自己健康的人就像守财奴一样,只会死守一个宝库,却从来没有足够的精力去享用它。

D. 原句:在场的观众无不为他的精彩表演所打动。

改句:在场的观众都为他的精彩表演所打动。

8. 下列寓言故事全部出自《韩非子》的是(　　)

A. 三人成虎　一举两得　拾金不昧

B. 螳螂捕蝉　讳疾忌医　画蛇添足

C. 郑人买履　东施效颦　对牛弹琴

D. 守株待兔　老马识途　曾子杀彘

9. 下列各句中,没有语病的一项是(　　)

A. 随着生活水平的日益提高,中国社会正在由“吃饱”向“吃健康”转变,在这一进程中,能否保证公众的食品安全,让老百姓吃得放心,很大程度上取决于政府的执政水平。

B. 关于汽车限购令早已有许多传闻,这非但没有为城市治堵,反倒激发了许多购车族的欲望,提前加入了有车族,使城市道路变得更加拥堵。

C. 新鲜蔬菜口感好,营养丰富,但是它的表面常常黏附着对人体有害的细菌和农药,所以食用新鲜蔬菜应该洗净较为安全。

D. 针对春运期间客流量大、交通繁忙的情况,首都机场将加强航站楼前的交通管理,加大对楼前违章停放车辆的拖移和处罚力度。

10. 下列各句中,标点符号使用正确的一项是(　　)

A. 她认真看过这些信后,郑重地转给了有关部门,不知道有关部门收到这些信后作何感想?能不能像影片中那位女法官那样秉公断案,尽快解决问题?

B. 以前可能因为年龄小,不知道珍惜时间,现在我才体会到“一寸光阴一寸金,寸金难买寸光阴。”这句话的真正含义。

C. 每当疼痛发作,他就采用自己的“压迫止痛法”——用茶壶盖、烟嘴、玻璃球、牙刷把……顶住疼痛部位。

D. “真不是和你说着玩儿,”洪民一本正经地说,“如果你能出山,咱们一起想办法,这事准能完成”。

11. 对下面各句句式特点或修辞效果的解说,错误的一项是(　　)

①墙上芦苇,头重脚轻根底浅;山间竹笋,嘴尖皮厚腹中空。

②眼前百姓即儿孙,莫言百姓可欺,当留下儿孙地步;堂上一官称父母,漫说一官易做,还尽些父母恩情。

③啊,我思念那洞庭湖,我思念那长江,我思念那东海,那浩浩荡荡的无边无际的波澜呀!

④始终微笑的和蔼的刘和珍君确是死掉了,这是真的,有她自己的尸骸为证;沉勇而友爱的杨德群君也死掉了,有她自己的尸骸为证。

⑤沉默呵,沉默呵!不在沉默中爆发,就在沉默中灭亡。

⑥你怎么见了他就拘谨起来,说话时舌头像短了半截。

A. ①②用了对偶的修辞手法,上下两句相互补充,相互映衬,相互对照,给读者造成鲜明深刻的印象。

B. ③句是排比句式,三个以上意思相关或语气一致的句子排成一串,一口气说明,用以加强语势,突出某种感情,使读者获得深刻的印象。

C. ④⑤是反复句式,由于在一个语段中连续或间隔运用相同的词语或句子,这就可以突出某种强烈的思想感情,使读者获得深刻的印象。

D. ⑥句用了比喻的修辞手法,用“舌头像短了半截”具体形象地说明说话拘谨的样子。

12. 下列各句中,表达得体的一项是(　　)

A. 您寄呈的大作,我已经收到,拜读再三,激动不已。

B. 你和我只是车笠之交,现在你已身居高位,我们之间自然就略显疏远了。

C. 我中学毕业后,得家乡父辈王明礼引介,赴苏州投拜周小林为师。

D. 欣闻你和小李喜结良缘,恭祝二位椿萱并茂、兰桂齐芳。

13. 在下面一段话空缺处依次填入词语,最恰当的一项是(　　)

什么是读书的心态呢?其实它就是与人的灵魂律动________的心理状态。宦海激浪,商战奔突,急功近利,立见实惠,等等,都是一种令人________的高节奏________。至于那些为了应付考试而临阵磨枪的学生们,表象是在埋头读书,实为一种苦海心理的挣扎。

A. 休戚相关　　心跳目眩　　律动

B. 息息相关　　心跳目眩　　躁动

C. 休戚相关　　目眩神迷　　躁动

D. 息息相关　　目眩神迷　　律动

14. 下列有关文学常识的表述错误的一项是(　　)

A. 被鲁迅先生誉为“西汉鸿文”的贾谊与晁错的政论文,论事说理,切中要害,分析利弊,具体透彻。

B. 开创“包举一代”的断代史体例的《汉书》,为班固受诏而作,因而强调帝王正统,缺乏《史记》那样的强烈批判精神,如书中将项羽、陈涉由《史记》中的“本纪”“世家”贬入“列传”,对历代帝王也多粉饰之词。

C. “三曹”之首的曹操,开创了以“建安风骨”著称的新风气。鲁迅称他是“一个改造文章的祖师”。

D. 诸葛亮,字孔明,三国政治家、军事家。他不以文学著称,然而他的《出师表》却是千古传诵的名篇,其中的名句“鞠躬尽瘁,死而后已”更是家喻户晓。

15. 下列对《孔雀东南飞》的表述不正确的一项是(　　)

A. 《孔雀东南飞》是保存下来的我国最早的一首长篇叙事诗,也是古乐府民歌的代表作,它与北朝的《木兰诗》并称为“乐府双璧”。

B. 《孔雀东南飞》选自《昭明文选》,原题为《古诗为焦仲卿妻作》。

C. 《孔雀东南飞》故事繁简剪裁得当,人物刻画栩栩如生,不仅塑造了焦刘夫妇心心相印、坚贞不屈的形象,也把焦母的顽固和刘兄的蛮横刻画得入木三分。

D. 《孔雀东南飞》是汉乐府叙事诗发展的高峰,也是我国文学史上现实主义诗歌发展中的重要标志。

16. 下列关于文化常识的说法不正确的一项是(　　)

A. “四书”即《大学》《中庸》《论语》《孟子》,它们是公认的儒学经典,也是中华文化的宝典。

B. 春秋时,秦晋两国国君几代都互相通婚,后称两姓联姻为“秦晋之好”。

C. 《昌黎先生文集》是韩愈的作品集,这是以字命名其文集。

D. “江表”指长江以南的地区。如《赤壁之战》中“江表英豪,咸归附之”中的“江表”就是此意。

17. 下列有关文学常识的说法不正确的一项是(　　)

A. 《论语》是记录春秋末期大思想家孔子及其弟子言行的一部语录体书,是有关儒家思想的最重要的经典著作。《季氏将伐颛臾》就选自《论语》。

B. “四书”是后世(如明、清两代)科举考试八股文的唯一的取材依据。

C. 李商隐字义山,号玉谿生,晚唐著名诗人。与杜甫合称“小李杜”,与温庭筠合称为“温李”。

D. 《沁园春·长沙》通过对长沙秋景的描绘和对青年时代革命斗争生活的回忆,抒写出革命青年对国家命运的感慨和以天下为己任,蔑视反动统治者,改造旧中国的豪情壮志。

18. 下列对《童年》的表述不正确的一项是(　　)

A.《童年》是苏联作家高尔基自传体小说三部曲中的第一部。作品从"我"随母亲投奔外祖父写起,到外祖父叫"我"去人间混饭吃结束。

B. 阿廖沙的外祖父是开染坊的,但随着家业的衰败,外祖父变得吝啬、贪婪、专横、残暴,两个舅舅也是粗野、自私的市侩。

C. 在弥漫着残暴和仇恨的家庭里,幼小的阿廖沙过早地体会到人间的痛苦和丑恶。

D. 小说的基调整体上显得严肃、低沉,在这悲剧氛围中让人们无法看到战胜悲剧命运的曙光。

19. 下列楹联与场所不匹配的一组是(　　)

A. 泗水文章昭日月,杏坛礼乐冠华夷。(文庙)

B. 胸藏万汇凭吞吐,笔有千钧任翕张。(书房)

C. 追摹古人得高趣,别出新意成一家。(宗祠)

D. 法云广荫无遮会,慧口高悬有相天。(寺院)

20. 下列各句中加点成语的使用正确的一项是(　　)

A. 这部翻译小说虽然是以家庭生活为题材的,却多侧面、多视角地展现出那个时代光怪陆离的社会生活画卷。

B. 第二展厅的文物如同一部浓缩的史书,举重若轻地展示了先民们在恶劣的自然条件下顽强战争、繁衍生息的漫长历史。

C. 毕业后他的同学大都顺理成章地走上了音乐创作之路,而他却改换门庭,另有所爱,一头扎进中国古代文化研究中。

D. 就对后世的影响来说,我们一致认为《封神演义》虽然比不上《西游记》,但和《聊斋志异》是可以并行不悖的。

21. 下列在文中横线内补写的语句最恰当的一项是(　　)

在任何时候,有整段的时间静静地坐在书斋里,读书,写作,都是不很坏的生活吧。然而,伏案手不释卷地坐久了,写久了,又特别地想出门去散散步或旅行,或短足,或远游,脚蹬一双旅游鞋,身穿一套亮丽、鲜明的轻便服装,满目晴空,________________,全身会感到特别的轻松与舒畅。

A. 看天、听鸟,漫步湖滨、草地或林间小道,投入到自然的怀抱里。

B. 投入到自然的怀抱里,看天、听鸟,漫步湖滨、草地或林间小道。

C. 漫步湖滨、草地或林间小道,看天、听鸟,投入到自然的怀抱里。

D. 漫步湖滨、草地或林间小道,投入到自然的怀抱里,看天、听鸟。

22. 下列诗句与"倚槛苍茫千古事"对仗最工整的一项是(　　)

A. 天开美景风云静　　B. 过江多少六朝山

C. 爽气西来两袖清　　D. 座揽清辉万川月

23. 阅读岑参的《初授官题高冠草堂》,下列对诗歌及其作者相关内容的理解与分析不正确的一项是(　　)

初授官题高冠[注]草堂

岑　参

三十始一命,宦情多欲阑。
自怜无旧业,不敢耻微官。
涧水吞樵路,山花醉药栏。
只缘五斗米,辜负一渔竿。

【注】高冠:山谷名,岑参终南山隐居地。

A. 岑参,与高适齐名,并称"高岑",同为晚唐边塞诗派的代表,此诗是岑参举进士授官后为辞别终南山隐居地高冠谷而作。

B. "渔竿"运用借代手法,代指隐逸生活;"五斗米"指微薄的俸禄。

C. 颈联描写了谷水淹没山间小路,山花装点栏杆、旁若无人怒放的情态,描画出高冠谷秀丽清幽的自然环境,为下文的抒情作铺垫。

D. 尾联表现诗人为微官薄禄不得不割舍闲适自得的隐逸生活的矛盾心情。

24. 下列诗句中没有运用典故的一项是(　　)

A. 随意春芳歇,王孙自可留。

B. 此情可待成追忆,只是当时已惘然。

C. 庄生晓梦迷蝴蝶,望帝春心托杜鹃。

D. 塞上长城空自许,镜中衰鬓已先斑。

25. 下列句子中没有通假字的一项是(　　)

A. 公输班诎　　B. 入则无法家拂士

C. 秦伯说,与郑人盟　　D. 且欲与常马等不可得

26. 下列句子中加点的词古今意义相同的一项(　　)

A. 古之学者必有师　　B. 今之众人,其下圣人也亦远矣

C. 吾从而师之　　D. 闻道有先后

27. 下列各句中加点词与"巫医乐师百工之人,不耻相师"中的"耻"用法不同的一项是(　　)

A. 且庸人尚羞之,况于将相乎　　B. 于其身也,则耻师焉

C. 卒廷见相如,毕礼而归之　　D. 孔子师郯子、苌弘、师襄、老聃

28. 下列各组语句中加点的实词意义不相同的一项是(　　)

A. ①其为人也孝弟,而好犯上者,鲜矣　　②既无伯叔,终鲜兄弟

B. ①是社稷之臣也,何以伐为　　②愿无伐善,无施劳

C. ①今由与求也,相夫子　　②桓公杀公子纠,不能死,又相之

D. ①未尝不临文嗟悼,不能喻之于怀　　②子贡闻之,不喻其意

29. 下列句式特点的解说不正确的一项是(   )

A. 虽董之以严刑(状语后置句)

B. 将崇极天之峻(状语后置句)

C. 设九宾于廷(状语后置句)

D. 闻道百,以为莫己若者(宾语前置句)

30. 下列各句中与例句中的“其”意义和用法不同的一项是(   )

例句:其夫吃语

A. 既出,得其船　　B. 吾视其辙乱

C. 安陵君其许寡人　　D. 特借之以售其术耳

31. 下列句子中“也”字表达语气与其他三句不同的一项是(   )

A. 渐闻水声潺潺而泻出于两峰之间者,酿泉也。

B. 水落而石出者,山间之四时也。

C. 醉翁之意不在酒,在乎山水之间也。

D. 往来而不绝者,滁人游也。

32. 下列句子不是宾语前置句的一项是(   )

A. 何必公山氏之之也　　B. 道之以政

C. 未敢自恤　　D. 任人唯才是举

33. 下列各句中,不是被动句的一项是(   )

A. 且君尝为晋君赐矣。　　B. 父母宗族,皆为戮没。

C. 而燕国见陵之耻除矣。　　D. 信而见疑,忠而被谤,能无怨乎?

34. 下列句子中不是定语后置句的一项是(   )

A. 太子及宾客知其事者。　　B. 求人可使报秦者。

C. 去以六月息者也。　　D. 蚓无爪牙之利,筋骨之强。

35. 下列各句的翻译,有错误的一项是(   )

A. 是以区区不能废远:因此,我的内心不愿废止奉养,远离祖母。

B. 奚以之九万里而南为:为何要飞到九万里远的南方去呢?

C. 古今一体,安在其不辱也:从古至今都一样,哪里有不受侮辱的呢?

D. 夫人之相与,俯仰一世:人们彼此相处,转瞬间就度过一生。

36.《义务教育语文课程标准》(2011年版)指出:综合性学习应突出学生的自主性,重视学生主动积极的参与精神,主要由学生自行设计和组织活动,特别注重探索和研究的过程,要加强教师在各环节中的(   )

A. 主导作用　　B. 辅助作用

C. 领导作用　　D. 指导作用

37.《义务教育语文课程标准》(2011年版)指出:各个学段的阅读教学都要重视朗读和默读。各学段关于朗读的目标中都要求(   )

A. 自然流畅地朗读　　B. 有感情地朗读

C. 有个性地朗读　　D. 有目的地朗读

38. 下列属于《普通高中语文课程标准》(2017年版)中选择性必修课程的一项是(   )

A. 学术论著专题研讨　　B. 文学阅读与写作

C. 科学与文化论著研习　　D. 实用性阅读与交流

39.《普通高中语文课程标准》(2017年版)中“整本书阅读与研讨”任务群在必修阶段安排1学分,(   )课时。

A. 9　　B. 10　　C. 12　　D. 18

40. 下列不属于《普通高中语文课程标准》(2017年版)课程目标的一项是(   )

A. 语言积累与建构　　B. 文化传承与理解

C. 增强形象思维能力　　D. 提升思维品质

二、文言文阅读题(本大题共4小题,共15分)

杜甫,字子美,本襄阳人,后徙河南巩县。曾祖依艺,位终巩令。祖审言,位终膳部员外郎,自有传。父闲,终奉天令。

甫天宝初应进士不第。天宝末,献《三大礼赋》。玄宗奇之,召试文章,授京兆府兵曹参军。十五载,禄山陷京师,肃宗征兵灵武。甫自京师宵遁赴河西,谒肃宗于彭原郡,拜右拾遗。房琯布衣时与甫善,时琯为宰相,请自帅师讨贼,帝许之。其年十月,琯兵败于陈涛斜。明年春,琯罢相。甫上疏言琯有才,不宜罢免。肃宗怒,贬琯为刺史,出甫为华州司功参军。时关畿乱离,谷食踊贵,甫寓居成州同谷县,自负薪采梠,儿女饿殍者数人。久之,召补京兆府功曹。

上元二年冬,黄门侍郎、郑国公严武镇成都,奏为节度参谋、检校尚书工部员外郎,赐绯鱼袋。武与甫世旧,待遇甚隆。甫性褊躁,无器度,恃恩放恣。尝凭醉登武之床,瞪视武曰:“严挺之乃有此儿!”武虽急暴,不以为忤。甫于成都浣花里种竹植树,结庐枕江,纵酒啸咏,与田畯野老相狎荡,无拘检。严武过之,有时不冠,其傲诞如此。永泰元年夏,武卒,甫无所依。及郭英乂代武镇成都,英乂武人粗暴,无能刺谒,乃游东蜀依高适。既至而适卒。是岁,崔宁杀英乂,杨子琳攻西川,蜀中大乱。甫以其家避乱荆、楚,扁舟下峡,未维舟而江陵乱,乃溯沿湘流,游衡山,寓居耒阳。甫尝游岳庙,为暴水所阻,旬日不得食。耒阳聂令知之,自棹舟迎甫而还。永泰二年,啖牛肉白酒,一夕而卒于耒阳,时年五十九。

子宗武,流落湖、湘而卒。元和中,宗武子嗣业,自耒阳迁甫之柩,归葬于偃师县西北首阳山之前。

(选自《旧唐书·杜甫传》,有删改)

1. 对下列句子中加点词语的解释不正确的一项是(   )(3分)

A. 玄宗奇之,召试文章　　奇:认为……奇妙

B. 甫自京师宵遁赴河西　　宵：在夜里

C. 严武过之，有时不冠　　过：指出过错

D. 自棹舟迎甫而还　　棹：用桨划

2. 下列句子中加点的词的意义用法都相同的一组是(　　)(3分)

A. 玄宗奇之　　久之，召补京兆府功曹

B. 儿女饿殍者数人　　今者项庄拔剑舞，其意常在沛公也

C. 乃溯沿湘流　　必以长安君为质，兵乃出

D. 时琯为宰相　　出甫为华州司功参军

3. 下列对原文有关内容的分析和概括，不正确的一项是(　　)(3分)

A. 杜甫出生于官宦之家，虽然没有考中进士，但因为文章写得好，仍然在天宝末年受到皇上的赏识。

B. 杜甫因为自幼同房琯就有深交，所以在房琯讨伐叛军，兵败陈涛斜被免去宰相职务时，极力上疏救助，终因此招祸，也被免职。

C. 严武和杜甫是世交，所以严武对待杜甫很优厚，在很多时候也能原谅杜甫的放肆行为。

D. 由于郭英乂对待杜甫不好，高适也已经死去，由于蜀中大乱杜甫只好携家出川，生活颠沛流离，最后死在耒阳。

4. 把文中画横线的句子翻译成现代汉语。(6分)

(1)甫尝游岳庙，为暴水所阻，旬日不得食。

(2)宗武子嗣业，自耒阳迁甫之柩，归葬于偃师县西北首阳山之前。

三、诗词鉴赏题(本大题共3小题，共10分)

出嘉峪关[①]感赋四首(其一)

林则徐[②]

严关百尺界天西，万里征人驻马蹄。
飞阁遥连秦树直，缭垣斜压陇云低。
天山巉削摩肩立，瀚海苍茫入望迷。
谁道崤函千古险？回看只见一丸泥。

【注】①嘉峪关：在今甘肃嘉峪关市西七十里。②林则徐1840年9月被革职问罪，1841年6月充军伊犁，1842年10月抵达嘉峪关。

1. 下列对这首诗的理解与赏析，不正确的一项是(　　)(3分)

A. “万里征人驻马蹄”指明全诗的立足点，这首诗从同一视点上，写出对象雄伟壮阔的丰富性。

B. “严关百尺界天西”一句“界”字指出嘉峪关是通向西北关隘的险要位置。

C. “飞阁遥连秦树直”，诗人回首来路，视角由远及近，嘉峪关楼阁与古秦地树木相连，抒发了诗人有家难回的凄凉苦楚之情。

D. “缭垣斜压陇云低”“云烟”被“缭垣”压低，“严关”又高出“缭垣”，“云烟”“缭垣”烘托了“严关”高“百尺”。

2. 此诗颈联描绘了一幅怎样的画面？(3分)

3. 这首诗蕴含了诗人怎样的情感？(4分)

四、案例分析题(本大题共15分)

《苏州园林》教学案例:

"请同学们自拟一副对联或几句诗句来分别描述3~9节的内容,尤其要注意说明对象的特点。"在同学们对课文整体感知的基础上,即体会到"苏州园林美如画"的特点之后,教师对学生阅读具体介绍"苏州园林"的部分(3~9节)提出了上面的阅读要求。本来平静的教室如投入了一颗激浪之石,一霎那同学们变得很激动。在教师为他们讲述古代风雅人士喜欢在游山玩水时即景题写对联和诗句的事并举例后,学生面临的不再是一篇有关园林的说明文学习,而是自然如画的苏州园林在眼前的凸现。他们兴趣盎然地细读了文本之后,在一派生趣的自然天地中冥思苦想,在小组的热烈讨论中字斟句酌,A同学率先回答:"我阅读了第6节,我写了两句诗:花墙廊子巧设计,增加层次与深度。第一句说明这一段的写作对象及特点,第二句说明花墙廊子巧设计的效果。"B同学也不甘落后:"我阅读的是第5节,我用一副对联来概括这节内容:花树四季飘香,栽种细致;藤萝盘曲嶙峋,修剪自然。用来突出苏州园林树木的栽种和修剪的特点。"C同学怯生生地举起手,说:"老师,我阅读了第7节,我只想到一句诗:角落花草增画感。不知行不行?"在教师肯定之后,同学们更是争先恐后,一个个变成了诗人,诗兴大发。学生面对这样一篇关于园林艺术的说明文,所表现出来的热情大大超出了教师的预想,虽已入秋,课堂里却洋溢着春天的生机。课后,教师趁热打铁,又把这道题目布置为课外作业。同学们在课堂上热烈的思辨,在家里夜深人静中的妙想。在主动热情地触摸课本内容的同时,理解了说明段落的内容,体会了说明对象及其特征,更加感受到园林如画的特点,同时也锤炼了语言。

(学生作业示例略)

有些同学写了几节诗句后还嫌不够尽兴,又对全文作了描述,如A同学的《咏苏州园林》:苏州园林甲天下,假山池沼美如画。亭台轩榭巧设计,画中游客似繁花。诗歌抓住苏州园林的特点进行描摹,运用修辞,注重押韵,更有意思的是作者把游客作入画中,成为一景,显示了独特的思维和审美能力。而这些作业是教师原先所没有要求的,也是原先所没有想到的。

问题:请结合所给案例,谈谈你对课堂提问与作业设计的看法。

五、作文题(本大题共40分)

阅读下面的材料,根据要求写作。

网友感慨中国航天太会起名了!我国探月工程"嫦娥",取自中国古代传说,弘扬传统文化,表达中国人"奔月"的决心;嫦娥四号中继星"鹊桥"承载喜鹊搭桥牛郎织女相会的美好寓意,实现"地月传书"。不仅是航天,那些大国重器的名字也都充满诗意。行星探测任务"天问",源于屈原长诗《天问》,探索真理征途漫漫,科技创新永无止境;自主研发的卫星导航系统"北斗",北斗自古就是中华民族的指路明灯;大型多用途运输机"鲲鹏",源自中国神话神鸟,寓意巨大无比、力大无穷;大型水陆两栖飞机"鲲龙","上天为鲲鹏,入海为蛟龙",各取一字,寓意水陆两栖。这就是中国人的浪漫!

对此,你有什么看法呢?请结合材料和自己的体验,谈谈认识,阐释观点。

要求:立意自定,不得抄袭,不得套作,不少于800字,文中不得出现真实学校、姓名等信息。

绝密★启封前　　　　　　　　　　　　姓名______　　准考证号______

教师招聘考试终极密押试卷(二)

中学语文

(时间120分钟　满分100分)

本套试卷共16小题,包括诗歌鉴赏题(2小题)、文言文阅读题(5小题)、现代文阅读题(7小题)、教材教法题(1小题)、作文题(1小题)。

一、诗歌鉴赏题(本大题共2小题,共8分)

浣溪沙①

姜　夔

雁怯重云不肯啼。画船愁过石塘②西。打头风浪恶禁持③。

春浦渐生迎棹绿,小梅应长亚门枝。一年灯火要人归。

【注】①离除夕还有五日时,作者返家,途中过苏州,经吴松,遂作此词。②石塘:苏州之小长桥。③头:指船头。恶:猛,厉害。禁持:摆布。

1.作者说“画船愁过石塘西”,似乎此一画船,是载了满船清愁而行。既是归家,你认为作者因何而“愁”?(3分)

2.上片和下片的写景基调有什么不同?这样安排有什么好处?(5分)

二、文言文阅读题(本大题共5小题,共18分)

杨存中,代州崞县人。魁梧沈鸷,少警敏,诵书数百言,力能绝人。慨然语人曰:“大丈夫当以武功取富贵,焉用俯首为腐儒哉!”于是学孙、吴法,善射骑。宣和末,山东、河北群盗四起,存中应募击贼,积功至忠翊郎。

靖康元年,金人再围汴京,诸道兵勤王,存中与张俊、田师中从信德府守臣梁扬祖以万兵入援,后隶张俊部曲。上问将于俊,俊以存中对。召见,赐袍带。时元帅府草创,存中昼夜扈卫寝幄,不顷刻去侧。帝知其忠谨,亲信之。剧贼李昱据任城,久不克,存中以数骑入,击杀数百人。帝乘高望见,介胄尽赤,意其被重创。召视之,皆污贼血,壮之,饮以酒,曰:“酹此血汉。”存中请复往,帝止之。存中曰:“此贼胆碎,即成擒矣。”遂大破之,复任城,迁阁门祗候。

绍兴元年,从俊讨李成。诸将议,多欲分道进,存中曰:“贼势如此,兵分则力弱,又诸将位均势敌,非招讨督之,必不相为用。”俊然之。整军至豫章,存中率兵数千,首破贼于玉隆观,追至筠州。贼骁将以众十万来援,夹河而营。存中谓俊曰:“彼众我寡,击之当用奇,愿以骑见属,公以步兵居前。”俊从之。存中夜衔枚渡筠河,出西山,驰下击贼,俊以步兵夹攻,俘八千人。诸将夜见存中曰:“战未休,降卒多,忽有变,奈何?非尽歼之不可。”存中曰:“杀降吾不忍。”诸将转告俊,竟夜坑之。乘胜追至九江,成遂遁去。迁宣州观察使。

存中天资忠孝敢勇,大小二百余战,身被五十余创。宿卫出入四十年,最寡过。孝宗以为旧臣,尤礼异之,常呼郡王而不名。父、祖及母皆死难,存中既显,请于朝,宗闵谥忠介,震谥忠毅,赐庙曰显忠,曰报忠。又以家庙、祭器为请,遂许祭五世,前所无也。祖母刘流落蜀、陇,存中日夜祷祠访问,间关数千里,卒迎以归。御军宽而有纪,所用将士,专以才勇选,不私部曲之旧。

(《宋史·卷三百六十七》,有删改)

3.对下列句子中加点的词语的解释不正确的一项是(　　)(3分)

A.诵书数百言,力能绝人　　绝:超过

B.帝乘高望见,介胄尽赤,意其被重创　　意:意思

C.贼骁将以众十万来援,夹河而营　　营:扎营

D.所用将士,专以才勇选,不私部曲之旧　　私:偏袒

4.下列各组语句中加点的词的意义用法都相同的一组是(　　)(3分)

A.大丈夫当以武功取富贵　　上问将于俊,俊以存中对

B.存中既显,请于朝　　首破贼于玉隆观

C.焉用俯首为腐儒哉　　非招讨督之,必不相为用

D.常呼郡王而不名　　御军宽而有纪

5.以下六句话,分别编为四组,全部说明杨存中“忠勇”的一组是(　　)(3分)

①魁梧沈鸷,少警敏,诵书数百言,力能绝人。

②存中昼夜扈卫寝幄,不顷刻去侧。

③存中以数骑入,击杀数百人。

④存中曰:“此贼胆碎,即成擒矣。”

⑤存中夜衔枚渡筠河,出西山,驰下击贼。

⑥存中曰:“杀降吾不忍。”

A.①③⑤　　B.①④⑥　　C.②③④　　D.②④⑤

6.下列对原文有关内容的分析和概括正确的一项是(　　)(3分)

A.杨存中年青时就机智灵敏,熟读经书,极富力气,学孙武、吴起兵法,善于射骑。宣和末年,因为山东、河北群盗四起,志向远大的杨存中便应招攻打贼寇,建立了功勋。

B. 皇上非常欣赏信任杨存中，令杨存中昼夜护卫皇上寝帐，片刻也离不开他。在杨存中与李昱作战时，皇上非常赞许他的勇敢，并且赐给他酒以示褒奖。

C. 讨伐李成时，诸将多主张分路进军，杨存中认为分兵会导致力量削弱，又加上诸将地位相同，不能互为所用，因此不能分兵。张俊听从了杨存中的意见。

D. 杨存中的父亲、祖父及母亲都死于国难，他贵显之后，朝廷主动给他父亲、祖父加赠谥号、赐庙，又允许祭祀五代。祖母刘氏流落他乡，朝廷也帮助寻访、迎接回来。

7. 把文中画横线的句子翻译成现代汉语。(6分)

(1)存中请复往，帝止之。

(2)战未休，降卒多，忽有变，奈何？非尽歼之不可。

三、现代文阅读题(本大题共7小题，共29分)

老人与井

夏一刀

掌灯时分，瞎伯划拉着他那根光亮的导盲棍摸到黑牛家里。

瞎伯有事没事最喜欢到黑牛家里去，拉拉家常、谈谈天，喝一杯黑牛采制的清茶。

瞎伯说，黑牛，你晓得吧，我们村里以前有一口老井的，叫善卷古井。

黑牛说，晓得晓得，我小时候听爷爷讲过，说是一个叫善卷的古人，他看见春天枉水河里的水浑浊，人们喝了就生病，就带领大家挖了一口井。是吧？

瞎伯说，善卷是神仙下凡呢，什么都懂。他对乡里的人就像兄弟姐妹一样好，和气得很。本事很大，皇帝都要向他求助，问他治理国家的办法！

黑牛笑道，瞎伯，你讲得神气活现，好像见过他一样。

瞎伯说，我没见过善卷，我见过他挖的井呀，那时的井台是用桃花石砌的，周围又用桃花石铺了地面。我和小伙伴们在孤峰岭上砍柴，口渴了就跑到井边，趴在井边咕噜咕噜喝水，那水真甜呀！

黑牛说，瞎伯，你今天总是讲井呀井呀干什么呢？

瞎伯不做声，从怀里摸索出一个布包，黑牛，我这里有一万多块钱，你帮我请人打一口井吧！

黑牛急了，瞎伯！你攒几个钱容易吗？花光了以后日子怎么过？你要打一口井干什么呢？吃水还是我来帮你挑吧。

你别管，黑牛，我就想再尝尝古井里的水，我要你打你就打。

瞎伯把话说得很坚决，怎么劝阻都没有用。黑牛只好说，那好吧，瞎伯。

第二天就开始打井了。瞎伯用导盲棍点点戳戳到一个地方说，黑牛，这地方就是老井的位置，就在这儿掏吧。

挖了三天，就传来了黑牛兴奋的喊叫声，瞎伯，真如你讲的，一下就挖到了老井，才下去不到二十米就出了水呢！

瞎伯急急忙忙敲着棍子来到井边，黑牛，快舀一瓢给我尝尝。

黑牛舀了一瓢水给瞎伯。

瞎伯喝了一口，含在嘴里，久久地品着。

瞎伯摇了摇头，黑牛，你骗我是瞎子是不是？这是孤峰岭上的山泉水。

黑牛说，我骗你干什么？不信你丢一个石子下井试试。

瞎伯果真摸了一个小石子丢下了井。听到扑通一声水响，瞎伯笑了。

瞎伯说，黑牛，你帮我把其他的乡邻都喊过来一起吃晚饭吧，要庆祝呢！

太阳一偏西，大家都陆陆续续地来了。来的人都给瞎伯道喜，瞎伯乐得白胡子一抖一抖。

这个黄昏，瞎伯的小屋里充满了欢声笑语。

菜每家都带来了一些，合一起满满一大桌。

男人喝着德山老酒，女人也喝，瞎伯也端起了酒杯。

瞎伯说，黑牛，井打好了，剩下的钱你去买些管子，一家一家把水抽过去。

大家说，瞎伯，剩下的钱你自己收好，买管子每家自己管吧。

瞎伯说，黑牛，我十几岁就瞎了，这辈子全靠你们这些乡邻照顾，要不，我这瞎老头哪有这么好的日子！我不能忘本哪，就做这么一点点好事，也算是对大家的报答吧。我晓得我的日子不多了，我走了，麻烦大家把我埋进土就行，不许用太多的钱，黑牛，你要是不依我的，我就在你梦里来找你。

大家都哈哈地笑起来，一边举酒干杯。

瞎伯也许醉了，睡到第二天中午还没有起来。

黑牛从屋梁上爬了进去。

瞎伯已经睡了过去，脸上挂着满足的笑容。

把瞎伯抬上了山，黑牛用瞎伯留下的钱请了一个专业打井队。打井的人用洛阳铲在新井三米远的地方探到了老井的位置。

一层一层的土起上来，露出了古老的井壁。再往下，堵住的泉眼打开了，清亮的水涌上来，水花翻开着，像一朵朵百合。

黑牛从开始打的井里起上来一只盛水的大木桶，这是蒙骗瞎伯的。然后，从古井里打上来一桶水，小心翼翼地抿了一口，围在井边的乡邻都屏住呼吸，抿了一口。

水甜甜的，润润的，像甘露。

(选自《微型小说选刊》，有删改)

8. 下列对小说有关内容的分析和概括,最不恰当的两项是(　　)(5分)

A. 小说开篇写"掌灯时分,瞎伯划拉着他那根光亮的导盲棍摸到黑牛家里",看似突兀,但能够吸引读者,激发读者阅读兴趣。

B. 瞎伯跟黑牛讲了那么多关于善卷的故事,是因为他认为自己跟善卷差不多,他也是会为大家谋福利的人。

C. 因为瞎伯见过那口古井,所以他根据自己的记忆用导盲棍点了一个地方,黑牛在那里打出了甘甜的井水。

D. 瞎伯让人为村里人挖了口井,大家都来给瞎伯道喜。当瞎伯要用自己的钱给大家买管子通水时,被大家拒绝了。

E. 瞎伯虽然去了,但他是满足的,他虽然感觉黑牛递给自己的水不像自己想象的那样好,但总算还了乡邻们一份情。

9. 小说中的瞎伯有哪些形象特点?请简要分析。(4分)

10. 黑牛为什么开始不用瞎伯的钱打井,而在瞎伯死后又用他的钱打井?这样写有什么作用?(5分)

11. 小说以"水甜甜的,润润的,像甘露"结尾有何用意?请结合全文谈谈你的看法。(6分)

(二)

①王国维在《人间词话》中曾说词"能言诗之所不能言,而不能尽言诗之所能言。诗之境阔,词之言长"。他说词能言诗之所不能言,表达出诗所难以传达的情绪,但有时也不能表达诗所能传达的情意。换句话说,诗有诗的意境,词有词的意境,有的时候诗能表达的,不一定能在词里表达出来;同样的,有时在词里所能表达的,不一定能在诗里表达出来。比较而言,是"诗之境阔,词之言长",诗里所写的内容、所传达的意境更为广阔、更为博大,而词所能传达的意思是"言长",也就是说有余味,所谓"长"者,就是说有耐人寻思的余味。缪钺先生在《诗词散论·论词》中也曾说:"诗显而词隐,诗直而词婉,诗有时质言而词更多比兴。"

②为什么诗与词在意境和表达方面会形成这样的差别呢?其既有形式上的原因,也有写作时语言、环境、背景的原因。

③我们先说形式上的原因,如果拿词跟诗歌相比,特别是与五言古诗相比,二者之间便有很大的不同。像杜甫的《自京赴奉先县咏怀五百字》《北征》这样的长篇五言古诗,所叙述的内容这样博大、这样质朴,像这种风格和意境,在词中是没法传达的,因为词在性质上本是配乐歌唱的歌辞,它有音乐曲调上的限制。

④另外,在形式上的字句和音律方面,诗一般流行的是五言和七言的句式,通篇是五言或七言,字数是整齐的,押韵的形式都是隔句押韵,即第二、四、六、八句押韵,形式固定;而词的句式则长短不整齐,每句停顿的节奏也不尽相同。就诗的停顿而言,一般来说,五言诗常是二三或是二二一的节奏,七言诗常是四三或二二三的节奏,像杜甫诗句"玉露——凋伤——枫树林,巫山——巫峡——气萧森"。可是在词里,不仅词句的字数是长短不整齐的,而且在停顿节奏方面也有很多不整齐的变化,就算是五字或七字一句的,其停顿也有时不同于五言或七言诗的停顿。即如五言的句子会有一四的停顿或三二的停顿,七言的句子会有三四的或三二二的停顿,如周邦彦词句"嗟——情人断绝"和"似——风散雨收"。当然,词里面也会有与诗相同的停顿。这两种不同的停顿方式有两个名称:凡最后一个停顿的音节是单数的与诗相同的,这样的句式称之为单式;最后一个音节的字数是双数的,则称为双式。一般来说,一个词牌里单式的句子较多,这个调子就比较轻快流利,而双式句子较多,这个调子则比较曲折、委婉、含蓄。

⑤有的人要说,不是词里才有不整齐的句子,诗里面也有杂言的形式,也是不整齐的句式。即如汉乐府诗:"上邪!我欲与君相知,长命无绝衰。山无陵,江水为竭,冬雷震震,夏雨雪,天地合,乃敢与君绝!"同词一样是长短不等的句式。有人还说,汉乐府和词一样都是可以配乐歌唱的诗歌,两者相似,其间有没有什么密切的关系呢?

⑥我以为,乐府诗是先有歌词后配乐曲的,而词则是先有曲调而后按照曲调填写歌词的;乐府的长短句是完全自由的,而词则是完全不自由的。二者虽外表形式很相似,但完全自由写作的乐府诗和按曲填写的歌词是有很大区别的,而且所配的音乐也是不同的。

(选自叶嘉莹《唐宋名家词赏析》,有删改)

12. 下列关于原文内容的理解和分析,不正确的一项是(　　)(3分)

A. 有时候,诗能表达的,不一定能在词里表达出来;词能表达的,也不一定能在诗里表达出来。

B. 诗的内容、意境更为广阔、博大,而词所能传达的则有余味,正所谓"诗之境阔,词之言长"。

C. 杜甫《自京赴奉先县咏怀五百字》的内容之所以博大、质朴,是因为它没有音乐曲调上的限制。

D. 在一个词牌里,最后一个音节的字数是单数的句式较多,这个调子就比较轻快流利。

13. 下列对原文论证的相关分析，正确的一项是(　　)(3分)

A. 文章先提出基本观点，接着从形式的角度进行了论证，再着重从写作时的各种原因方面分析。

B. 文中引用缪钺先生《诗词散论·论词》中的话，旨在证明王国维"诗之境阔，词之言长"一说的正确性，增强说服力。

C. 在论述诗与词在字句、音律上的差别以及乐府诗与词的不同时，文中采用的都是引证法。

D. 文中论述诗与词的形式上的差别时，主要谈了有无音乐曲调的限制以及句式、押韵的不同。

14. 根据原文内容，下列说法正确的一项是(　　)(3分)

A. 诗的句式都是整齐的，隔句押韵，停顿上有固定的节奏；而词的句式长短不齐，每句停顿的节奏不尽相同，较之于诗更富于变化。

B. 诗与词的停顿是不一样的，如杜甫的《春望》和苏轼《水调歌头·明月几时有》中的五字句，前者是二三的节奏，后者则是三二的节奏。

C. 一首词，其中可以融合单式和双式的句法变化，而一首诗，却往往是单式停顿，例如二三、二二一或四三、二二三等，变化少。

D. 乐府先有歌词后配乐曲，它的长短句是完全自由的。而词是不完全自由的，因为它是先有曲调，后按曲调填写歌词的。

四、教材教法题(本大题共15分)

15. 阅读《〈世说新语〉两则》，设计一课时的阅读教学，教学对象为七年级学生。

咏　雪

谢太傅寒雪日内集，与儿女讲论文义。俄而雪骤，公欣然曰："白雪纷纷何所似？"兄子胡儿曰："撒盐空中差可拟。"兄女曰："未若柳絮因风起。"公大笑乐。即公大兄无奕女，左将军王凝之妻也。

陈太丘与友期行

陈太丘与友期行，期日中，过中不至，太丘舍去，去后乃至。元方时年七岁，门外戏。客问元方："尊君在不？"答曰："待君久不至，已去。"友人便怒曰："非人哉！与人期行，相委而去。"元方曰："君与家君期日中。日中不至，则是无信；对子骂父，则是无礼。"友人惭，下车引之。元方入门不顾。

五、作文题(本大题共30分)

16. 阅读下面的材料，按照要求写一篇不少于800字的文章。

有一个小和尚耐不住禅院的寂寞，老觉得修行太慢，感觉不出自己的长进，甚至他怀疑自己究竟能不能修成正果。

有一天，他再也没法忍受了，就向老禅师发牢骚，说自己没有慧根、缺少佛性，对自己失去信心了。

老禅师微微一笑说："山腰的工地上，石匠们正在为本寺加工佛像，你反正也静不下心来，就跟他们去劳动吧，做个帮手，学点手艺……"

小和尚一听，居然特别高兴，心想，终于可以出去透透风、乐呵乐呵了。

可是，三天以后，小和尚来找禅师，他满脸歉疚："师傅，我还是回来修行吧，连四角八棱的粗糙岩石都能在工匠的雕琢下变成仪态万方的石佛，何况我是一个人呢？"

老禅师舒心地笑了。

要求：选择一个角度构思作文，明确立意，自选文体，自拟标题；不要脱离材料内容及含义的范围作文，不要套作，不得抄袭。

绝密★启封前　　　　姓名______　　准考证号______

教师招聘考试终极密押试卷(三)

中学语文

(时间150分钟　满分120分)

本套试卷共15小题，包括基础知识题(8小题)、阅读鉴赏题(4小题)、教学实践题(2小题)、写作表达题(1小题)。

一、基础知识题(本大题共8小题，共27分)

1. 下列词语中，加点的字注音全部正确的一组是(　　)(3分)

A. 箭镞(zú)　膻味(shàn)　两栖(qī)　卷帙浩繁(zhì)

B. 瞥见(piē)　秸秆(jiē)　憎恶(zēng)　玲珑剔透(tī)

C. 鬈发(juǎn)　脚踝(huái)　掺和(chān)　花翎帽子(líng)

D. 鲑鱼(guī)　船舷(xián)　堵塞(sāi)　面露愠色(yùn)

2. 下列各句中，加点词语使用恰当的一项是(　　)(3分)

A. 要是老百姓连饭都吃不上，自己在那里吹牛，说自己多么有德，多么正确，便是一种“桀犬吠尧”式的愚民之术了。

B. 开学已经很多天了，可是他仍然久假不归，我想他家里一定出了什么事。

C. 邓小平同志南方谈话以后，人心不古，人们的思想冲破了条条框框的束缚，更加解放了。

D. 一个法国人曾疑惑地问，你们中国人为什么老把忙挂在嘴边，简直是不懂得享受生活，我没理他，因为他是饱汉不知饿汉饥，你们国情是虚位待人，我们的国情是多人待一位。

3. 按顺序排列下面的句子，与前后文组成语意连贯的一段话，最恰当的一项是(　　)(3分)

寅卯时分，你的梦境不是忽然透出了一丝绿莹莹的微光么？那里“支幽”一响，睡在山屋里的你就醒了。__________。瞧着那窗外的一丛迎春花，你仿佛也变作了它的一枝。

①一切带来的是个满心的欢笑啊。那时你还能躺在床上么？不，你会霍然一跃就起来的。衣裳都来不及披一件，先就跳下床来打开窗子。

②那窗外像笑着似的处女的阳光，一扑就扑了你个满怀。

③立刻你听到了满山满谷的鸟叫，缥缥缈遥的钟声，也嗡嗡地传了过来。

④那山上一抹嫩绿的颜色，使你深深地吸一口气，清爽是透到脚底的。

⑤靠左边一点，石工们在“丁冬”的凿石声中说着呜呜噜噜的话；稍偏右边，得得的马蹄声又仿佛一路轻的撒上了山去。

A. ③⑤①②④　　B. ①③⑤④②

C. ①②③⑤④　　D. ③⑤①④②

4. 下列特殊句式归类正确的一项是(　　)(3分)

①拜送书于庭。　②然而不王者，未之有也。

③颁白者不负戴于道路矣。　④和氏璧，天下所共传宝也。

⑤何以知之？　⑥秦城恐不可得，徒见欺。

⑦求人可使报秦者。　⑧张衡字平子，南阳西鄂人也。

⑨身死人手，为天下笑者，何也？　⑩蚓无爪牙之利，筋骨之强。

A. ①②④/③⑤/⑥⑦⑧/⑨⑩

B. ①③⑥/②④/⑤/⑦⑩/⑧⑨

C. ①③/②⑤/④⑧/⑥⑨/⑦⑩

D. ①⑥⑧/②④/③⑨⑩/⑤⑦

5. 下列有关文学常识的表述错误的一项是(　　)(3分)

A. 记录孟子言行的儒家著作《孟子》，常于从容谈论之间引喻取比，意思精到，“揠苗助长”的故事尤为生动，广为后人传诵。

B.《韩非子》为先秦法家的代表著作，书中保存了不少寓言故事作为论证材料，形象生动，趣味浓厚，如“守株待兔”“滥竽充数”“刻舟求剑”等都有深刻的教育意义。

C. 我国名著《山海经》，因其保存了大量远古神话传说，被誉为中国古代神话的渊源。这些神话又可以看作古代小说的萌芽，故又被称为“古今语怪之祖”。

D.《淮南子》为杂家著作，其中保存的上古神话传说，一定程度上反映了古代社会的面貌和人民群众的愿望，如《女娲补天》显示了古代劳动人民改造自然的斗争和理想。

6. 下列诗句中，没有使用对比手法的一项是(　　)(3分)

A. 宫女如花满春殿，只今惟有鹧鸪飞

B. 人面不知何处去，桃花依旧笑春风

C. 白雪却嫌春色晚，故穿庭树作飞花

D. 泪痕不学君恩断，拭却千行更万行

7. 填空。(3分)

翻开厚重的诗文书卷，展现在我们面前的正是一座座镌刻着廉洁与奉公的人生丰碑，________的《十一月四日风雨大作》沸腾着的是报效国家的满腔热血；范仲淹的《________》寄托着作者以天下为己任的伟大抱负；________的《爱莲说》表现了作者清廉自律的高风亮节。

8. 补写出下列名句名篇中的空缺部分。(6分)

(1)所恶有甚于死者，__________。(《孟子·鱼我所欲也》)

(2)__________，鬓微霜，又何妨！(苏轼《江城子·密州出猎》)

(3)君子博学而日参省乎己，__________。(《荀子·劝学》)

(4)廊腰缦回，__________；各抱地势，钩心斗角。(杜牧《阿房宫赋》)

(5)__________，潦倒新停浊酒杯。(杜甫《登高》)

(6)古之学者必有师。师者，__________。(韩愈《师说》)

二、阅读鉴赏题(本大题共4小题，共43分)

9. 阅读下面这首词，完成后面的问题。

巫山一段云·古庙依青嶂

李　珣

古庙[①]依青嶂，行宫[②]枕碧流。水声山色锁妆楼[③]。往事思悠悠。

云雨朝还暮[④]，烟花春复秋。啼猿何必近孤舟。行客[⑤]自多愁。

【注】①古庙：指巫山神女之庙。②行宫：古代天子出行时住的宫室。这里指楚王的细腰宫。③妆楼：指宫女的住处。④云雨朝还暮：宋玉《高唐赋》说道，楚王梦一神女，自称“旦为朝云，暮为行雨，朝朝暮暮，阳台之下”。⑤行客：指途经巫山之过客。

(1)赏析上片首句中“依”和“枕”的妙处。(4分)

(2)这首词的最后两句，有人评价：“极具真情，无理而妙。”请谈谈你的看法。(4分)

10. 阅读下面的文言文，完成后面的问题。

三槐堂铭

苏　轼

天可必乎？贤者不必贵，仁者不必寿。天不可必乎？仁者必有后。二者将安取衷哉？

吾闻之申包胥曰：“人定者胜天，天定亦能胜人。”世之论天者，皆不待其定而求之，故以天为茫茫。善者以怠，恶者以肆。盗跖之寿，孔、颜之厄，此皆天之未定者也。松柏生于山林，其始也，困于蓬蒿，厄于牛羊；而其终也，贯四时阅千岁而不改者，其天定也。善恶之报，至于子孙，则其定也久矣。吾以所见所闻考之，而其可必也审矣。

国之将兴，必有世德之臣，厚施而不食其报，然后其子孙能与守文太平之主共天下之福。故兵部侍郎晋国王公[①]，显于汉、周之际，历事太祖、太宗，文武忠孝，天下望以为相，而公卒以直道不容于时。盖尝手植三槐于庭，曰：“吾子孙必有为三公者。”已而其子魏国文正公[②]，相真宗皇帝于景德、祥符之间，朝廷清明、天下无事之时，享其福禄荣名者十有八年。今夫寓物于人，明日而取之，有得有否。而晋公修德于身，责报于天，取必于数十年之后，如持左契，交手相付。吾是以知天之果可必也。

吾不及见魏公，而见其子懿敏公。以直谏事仁宗皇帝，出入侍从将帅三十余年，位不满其德。天将复兴王氏也欤？何其子孙之多贤也？世有以晋公比李栖筠者，其雄才直气，真不相上下。而栖筠之子吉甫，其孙德裕，功名富贵，略与王氏等，而忠恕仁厚，不及魏公父子。由此观之，王氏之福盖未艾也。

懿敏公之子巩与吾游，好德而文，以世其家，吾以是录之。铭曰：呜呼休哉！魏公之业，与槐俱萌；封植之勤，必世乃成。既相真宗，四方砥平。归视其家，槐阴满庭。吾侪小人，朝不及夕。相时射利，皇恤厥德？庶几侥幸，不种而获。不有君子，其何能国？王城之东，晋公所庐。郁郁三槐，惟德之符。呜呼休哉！

【注】①晋国王公：下文称晋公，王祐。②魏国文正公：指王旦，封魏国公，谥文正。

(1)下列对句中加点词的解释，不正确的一项是(　　)(3分)

A. 天可必乎　　必：确定，一定

B. 而其可必也审矣　　审：明白，清楚

C. 皇恤厥德　　皇：同“遑”，闲暇

D. 呜呼休哉　　休：停止

(2)下列各组语句中加点词的意义和用法，相同的一项是(　　)(3分)

A. 吾以所见所闻考之　　肇锡余以嘉名

B. 而公卒以直道不容于时　　吾十有五而至于学

C. 何其子孙之多贤也　　戒之慎勿忘

D. 而忠恕仁厚　　屈心而抑志兮

(3)下列叙述不符合原文内容的一项是(　　)(3分)

A."三槐堂"乃因兵部侍郎晋国王公在庭院里手植三棵槐树而得名,文章借其德厚施福延及子孙表达了善恶有报的天命观。

B.兵部侍郎晋国王公在五代时期就已经出名,辅佐过宋太祖、宋太宗,文武全才,可惜因为做事太过正直没被封相,但他儿子懿敏公在宋真宗时做了宰相。

C.作者以李栖筠、李吉甫、李德裕一门功名富贵但"忠恕仁厚"不及魏公父子,突出赞美晋国王公一门的勋业。

D.本文从天命之理写到王氏家族,赞美了"忠恕仁厚"的德行,不怨天尤人,不汲汲于功名富贵,含有警醒世人的良苦用心,是"文以载道"的典范。

(4)翻译文中画线的句子。(3分)

国之将兴,必有世德之臣,厚施而不食其报。

11. 阅读下面的文章,完成后面的问题。

汉族的由来

研究一个国家的历史,总得知道他最初的民族。现在世界上,固然没有真正单纯的"民族国家"。然而一个国家建立之初总是以一个民族为主体,然后渐次吸收其余诸民族,这是一定不移的道理。然则要晓得一个国家最古的历史,必须要晓得他最初的民族,也是毫无疑义的了。

建立中国国家最早的民族,就是"汉族",这个也是讲历史的人没有异议的。然则汉族是从"有史以前"久已在中国本部的呢,还是从他处迁来,入"有史时代",其形迹还有可考的呢?这便是"汉族由来"的问题。关于这一个问题的回答,要算是"西来说"最为有力。人近来关于这一个问题的著述,要算蒋观云的《中国人种考》最为详博。但是他所举的证据,还不尽可靠,我现在且举两种证据如下。

其一,古书上说昆仑的很多。

《周礼·大宗伯》:"以黄琮礼地。"《郑注》"此……礼地以夏至,谓神在昆仑者也"。典瑞"两圭有邸,以祀地旅四望"。《郑注》:"祀地,谓所祀于北郊,神州之神。"《疏》:"案《河图括地象》,昆仑东南万五千里,神州是也。"入神州以后,还祭"昆仑之神",可见得昆仑是汉族的根据地。

然则昆仑究在何处呢?

《尔雅》:"河出昆仑墟。"《史记·大宛列传》:"《禹本纪》言河出昆仑。昆仑,其高二千五百余里,日月所相隐蔽为光明也。其上有醴泉瑶池。"《说文》:"河水出敦煌塞外昆仑山,发原注海。"《水经》:"昆仑墟在西北,去嵩高五万里,地之中也。其高万一千里。河水出其东北陬。"《山海经》:"海内昆仑之墟,在西北,河水出其东北隅。"

都以河所出为昆仑。河源所在,虽有异说,然都起于唐以后,不能拿来解释古书。要讲"古代所谓河源",《史记·大宛列传》所谓"汉使穷河源,河源出于阗。其山多玉石,采来。而天子案古图书,名河所出山曰昆仑云"。其说自极可靠。那么,如今于阗河上源一带一定是汉族古代的根据地了。《书·禹贡》:"织皮,昆仑,析支,渠搜,西戎即叙。"《释文》:"马云:昆仑,在临羌西……析支,在河关西。"《疏》:"郑玄云:衣皮之民,居此昆仑、析支、渠搜三山之野者,皆西戎也……郑以昆仑为山,谓别有昆仑之山,非河所出者也。"这一个昆仑,在如今西宁县的西边青海地方,和前一个昆仑无涉。所以孔疏特地申明一句道:"非河所出。"郭璞《山海经注》也说:"言海内者,明海内复有昆仑山。"这个"海"是夷蛮戎狄,谓之四海的"海",不是海洋的海。

其二,"汉族"二字,是后起之称,古代汉族自称。

他族称汉族,或说"华",或说"夏"。《左传》戎子驹支对晋人,"我诸戎饮食衣服,不与'华'同"。《国语》"裔不谋夏,夷不乱'华'",都是个证据。

近人因此附会到《列子》上头的华胥之国,固然不甚可靠。然而西史的巴克特利亚(Bactria),史记上称他做大夏,似乎是这地方的旧名。为因汉时西域诸国,譬如安息、大夏等,都能证明他是译音。《吕氏春秋·古乐篇》:"黄帝令伶伦作律,伶伦自古大夏之西,乃之阮隃之阴,取竹于嶰谿之谷。"似乎就是这一个大夏。那么,阿母河流域,似乎也是古代汉族的居地。

以上两种说法,如假定为不谬,则汉族古代,似居今葱岭帕米尔高原一带,这一带地方,据人种学历史家考究,原是各大人种起源的地方。汉族入中国,所走的大概是如今新疆到甘肃的路。近来人多说,"汉族沿黄河东徙"。这句话,似乎太粗略。现在的黄河上源,在古代是氐羌人的根据地。总而言之,"汉族西来",现在虽没有充分的证据,然而蛛丝马迹是很多的。将来古书读得更精,古物发现得更多,再借他国的历史参考,一定可以大为明白。这就要希望诸位的努力了。

(1)下列关于原文内容的理解和分析,不正确的一项是(　　)(3分)

A. 讲历史的人都认为建立中国国家最早的民族,就是"汉族"。

B. 要研究一个国家的历史,必须要知道他最初的民族。

C. 作者认为从古书中可得知汉族出自昆仑,这是没有疑问的。

D. 汉族的名称出现之前是被称为"华"或"夏"。

(2)下列对原文论证的相关分析,不正确的一项是(　　)(3分)

A.《史记·大宛列传》和《书·禹贡》的比对,是为了说明其中一个昆仑的说法是错误的。

B. 作者举例安息和大夏为译音,是为了说明古代称汉族为"夏"证实了汉族曾居大夏。

C. 昆仑和汉族称呼的考证，是在论证古代汉族迁徙的路线。

D. 文章列举大量古书原文，且摈弃了唐以后古书和《列子》，体现了考证的科学性和严谨性。

(3)根据原文内容，下列说法不正确的一项是(　　)(3分)

A. 作者对汉族西来的说法持反对态度。

B. 文中对昆仑所在提出两种说法，一为于阗河上源一带，一为甘肃青海。

C. 西史的巴克特利亚曾经是古代汉族的居地。

D. 文中的两个不同的昆仑都是古代汉族的曾居地。

12. 阅读下面的文章，完成后面的问题。

军　号

申志远

一支衣衫褴褛的队伍行进在草地上，远远的，一个人走在前头，他的影子在天际线下，是一个小黑点，后面，很远很远的地方，是打着军旗行进的红军。

从茨坪出发，过湘江，一直走到这一眼看不到边的草地，陆青一直都走在这支队伍的前头，因为他是号手，军号一响，红军战士就要向前冲锋。陆青19岁，曾经是茨坪的一个喇叭匠，婚丧嫁娶、红白喜事都少不了他，老表们都叫他"喇叭青"。那年，镇上闹红军，他跟了私塾的教书先生一起投了红军。

政委问他："娃子，你会干啥？"

"我会吹喇叭。"

"吹喇叭？那去当号兵吧！"政委一句话，喇叭换成军号，从此，陆青成了号兵。

军号是德国的，铜的，铮亮铮亮的，能照见号兵的脸。一吹，声音特别嘹亮，十里八里都能听见。军号的主人叫阿贵，每天号不离手。阿贵是广东人，读过学堂，从南昌暴动开始，一路吹到井冈山。号谱虽然复杂，但对喇叭匠陆青来说不是难事，很快就学会了。

阿贵把军号用一个牛皮套套着，拴了一大块红绸子，时刻带在身边。号兵陆青跟屁虫似的追着阿贵，想着有一天自己成为这军号的主人。

有一天，阿贵说："喇叭青，我要是牺牲了，你得继续吹，吹到革命胜利……"

陆青回答："我想要军号，可不想你死，我们要一起吹着军号去见毛委员！"

湘江之役，白匪用了飞机大炮，红军的浮桥被打断，战士的鲜血染红了湘江……号兵阿贵在湘江渡口吹响了冲锋号，一颗炸弹在江边爆炸，号声戛然而止，阿贵的脑袋被弹片削掉了，一团血雾喷过来，鲜血浸透了红绸。血喷了陆青一脸，他捡起军号，用尽平生的气力吹响，他的脸和军号、军旗都融在湘江猩红的血色中，号声呜咽，号声嘹亮……红军在付出巨大的牺牲后，成功突围。

以后，这军号跟了陆青，跟着主力红军，一路走来。

松潘草原的天气，一会儿一变，刚刚是万里晴空，一下子就暴雨如注。陆青行进在草地上，任雨水浇过头顶，他把军号塞进背包，打开背上破旧的油纸雨伞，冒雨前行。雨雾中的陆青感到特别疲惫，他走不动了。雷鸣电闪中，他仿佛看到了阿贵在和他说军号的事……

暴雨过后，草原上弥漫着雨雾，天边还出现了一道彩虹，陆青又饿又乏，放眼回望，军旗变成一个小点。

前方，是一块绿色的草坪，过了草坪就是一大片灌木丛，陆青喝光水壶中最后一口水，扔掉了被雨打烂的油纸伞，擦了擦军号，整理了一下背包，踏上了绿色的草坪。

一脚下去，陆青感觉自己飞了起来，而后整个身子迅速地沉下去，仿佛大地里伸出一只手在拽他，他挣扎着，越挣扎陷得越深。陆青试图扔掉身上的背包，可是根本摘不下来，就这样，他一点一点被绿色的泥浆包围。时间似乎静止了，他听到了自己的心跳声……

陆青半个身子没在沼泽里，他脑子是清醒的，用尽最后的力量，他吹响了军号，号声嘹亮，号声呜咽……

吹号加速了陆青的下沉，很快，淤泥没了他的脖子，陆青想，战友们呢，能听到号声吗？一瞬间，他的眼睛模糊了，他清晰地看到了阿贵，张开双臂从红色的湘江走来，他睁不开眼睛了，但是他觉得自己的脚踏在一块石头上，他用左臂，高高地举起军号，他要让战友们看到军号……

红军队伍走到这里，正是晚霞满天的时候。一望无垠的草地上，只见陆青的手在高高地擎起，军号紧握在他的手里，像个路标，红绸子在风中飘舞……

政委和红军战士们向着军号敬了军礼，绕过这片死沼，向远方，向红霞灿烂的地方走去……

(选自2018年第4期《北方文学》，有删改)

(1)下列对小说相关内容和艺术特色的分析鉴赏，不正确的一项是(　　)(4分)

A. 小说前半部分交代了陆青成长为一名真正号兵的经历，使人物形象更加饱满，故事情节更加合理，同时使行文跌宕起伏，更具可读性。

B. 阿贵与陆青两人尽管有着不同的出身经历，但是对军号的珍视和对号兵责任的恪守却惊人相似，两人也都有着同样高贵的精神追求。

C. 陆青在距离大部队很远的前方引路，这种个人英雄主义的做法造成自己最终深陷沼泽而无人救援的后果，作者在对其褒扬中也暗含批判。

D. 小说结尾处"向远方，向红霞灿烂的地方走去"，富有象征意义，预示着革命队伍走向光明和胜利，言简意丰，深化了小说的主题。

(2)文中两次描写"号声"，试分析二者的内涵有何异同。(5分)

(3)小说以“军号”为题,有哪些作用?(5分)

三、教学实践题(本大题共2小题,共20分)

13. 阅读《林黛玉进贾府》的教学片段,并回答后面的问题。

师:下面先请一位同学以第一人称的身份来介绍一下林黛玉的身世。

生1:我,林黛玉,姑苏人氏。父亲林如海,乃是前科的探花,现为巡盐御史。母亲贾敏,是京城豪门贾府的女儿。我还有一个弟弟。我家虽系钟鼎之家,却也是书香之族,所以从小读书写字。可惜家门不幸,弟弟和母亲相继过世。外婆怜爱孤苦的我,执意叫我到她那儿去,因而我来到了贾府。

师:很好。听了这位同学的介绍,我们了解了林黛玉的身世及进贾府的缘由。下面,我们再请一位同学介绍林黛玉与贾府中主要人物的关系。

生2:我是林黛玉。贾母是我的外婆,贾赦是我的大舅,贾政是我的二舅,贾宝玉是我二舅的儿子,是我的表哥,王熙凤是我大舅的儿子贾琏的媳妇,是我的表嫂。

师:好。现在,我们再请一位同学到大屏幕前来以第一人称的身份介绍林黛玉进贾府所走过的路线。

(多媒体切换到贾府建筑分布图)

生3:(边说边指着林黛玉进贾府的路线)我到了贾府以后先去看望了外婆,路过了这么几个地方:西角门、垂花门、穿堂和正房大院。然后又去拜访了大舅贾赦:至穿堂、出了西角门、过荣府正门、入一黑油大门、至仪门、入院中、见正房。最后又去拜见了二舅贾政:送至仪门、进了荣府、穿过一个东西的穿堂、五间大正房(荣禧堂)、正室东边的三间耳房。

师:很好。刚才我们跟着这位“林黛玉”浏览了一下贾府。请大家思考,林黛玉经过这番拜访,对贾府产生了怎样的印象?

生4:贾府规模宏伟、布局轩昂、“与别家不同”。

生5:从拜访的顺序上,可以感觉到贾府很注重尊卑、长幼之序。

师:对。这就更使她认识到在贾府的确需要——

生6:步步留心,时时在意。

师:现在,我们再来看看贾府众人眼中的林黛玉是怎样的人。作者通过不同人的眼光,有层次地刻画出林黛玉的音容笑貌、神态风度,使林黛玉的形象越来越清晰地呈现在读者面前。先看在众人眼中的林黛玉——

生7:“黛玉年貌虽小,……便知他有不足之症。”

师:这里只做初步勾画。可见,众人关心的是她的身体——病弱和不足。在王熙凤的眼中是——

生8:“天下真有这样标致的人物,……怨不得老祖宗天天口头心头一时不忘。”

师:描写进了一层,突出林黛玉容貌的标致和气质的不俗。那在贾宝玉的眼中呢?

生8:“两弯似蹙非蹙罥烟眉,一双似喜非喜含情目。态生两靥之愁,娇袭一身之病。泪光点点,娇喘微微。闲静时如姣花照水,行动处似弱柳扶风。心较比干多一窍,病如西子胜三分。”

师:五个对偶句抓住林黛玉弱不禁风、多愁善感的特点,工笔细描,细致地表现了黛玉无与伦比的姿容、神韵和风采,绘出了一幅精美的风流俊逸的病美人图。而这一形象只有宝玉的眼睛能看出来,其他任何人都是无法发现的。小说通过不同角度、不同层次的描写,使林黛玉既有朦胧的美感,又有清晰的美感。

(多媒体播放林黛玉的几个镜头)

师:请大家注意文章的一些细节,看哪些地方还表现了林黛玉内心的复杂。

生9:吃饭的时候,林黛玉对座位的推让。

师:为什么要推让?

生10:古时候吃饭的座位都是很讲究的,不是随便哪个座位都可以坐的。

生11:文章中还说道贾母问黛玉念何书,黛玉说是只念了《四书》。而碰到贾宝玉以后就改说:“不曾读,只上了一年学,些须认得几个字。”

师:林黛玉讲到读书时为什么前后不一?

生12:因为贾母曾在黛玉问姊妹们读何书时说道:“读的是什么书,不过是认得两个字,不是睁眼的瞎子罢了!”所以林黛玉在后面就显得比较谦虚谨慎。

师:以上几个细节,处处表现了黛玉“步步留心,时时在意”,谨小慎微的态度,表现她“寄人篱下”的心境。黛玉“上无亲母教养,下无姊妹兄弟扶持”,只好依傍外祖母。她有很强的自尊心,也有很强的自卑感。因此,“步步留心,时时在意”。

问题:阅读上述教学实录片段,谈谈你对该教学片段的看法。(8分)

14. 阅读李乐薇的《我的空中楼阁》全文,并回答问题。

我的空中楼阁

李乐薇

山如眉黛,小屋恰似眉梢的痣一点。

十分清新,十分自然,我的小屋玲珑地立于山脊一个柔和的角度上。

世界上有很多已经很美的东西,还需要一些点缀,山也是。小屋的出现,点破了山的寂寞,增加了风景的内容。山上有了小屋,好比一望无际的水面飘过一片风帆,辽阔无边的天空掠过一只飞雁,是单纯的底色上一点灵动的色彩,是山川美景中的一点生气,一点情调。

小屋点缀了山,什么来点缀小屋呢?那是树!

山上有一片纯绿色的无花树;花是美丽的,树的美丽也不逊于花。花好比人的面庞,树好比人的姿态。树的美在于姿势的清健或挺拔,苗条或婀娜,在于活力,在于精神!

有了这许多树,小屋就有了许多特点。树总是轻轻摇动着。树的动,显出小屋的静;树的高大,显出小屋的小巧;而小屋的别致出色,乃是由于满山皆树,为小屋布置了一个美妙的绿的背景。

小屋后面有一棵高过屋顶的大树,细而密的枝叶伸展在小屋的上面,美而浓的树阴把小屋笼

罩起来。这棵树使小屋给予人另一种印象,使小屋显得含蓄而有风度。

换个角度,近看改为远观,小屋却又变换位置,出现在另一些树的上面。这个角度是远远地站在山下看。首先看到的是小屋前面的树,那些树把小屋遮掩了,只在树与树之间露出一些建筑的线条,一角活泼翘起的屋檐,一排整齐的图案式的屋瓦。一片蓝,那是墙;一片白,那是窗。我的小屋在树与树之间若隐若现,凌空而起,姿态翩然。本质上,它是一幢房屋;形式上,却像鸟一样,蝶一样,憩于枝头,轻灵而自由!

小屋之小,是受了土地的限制。论"领土",只有有限的一点。在有限的土地上,房屋比土地小,花园比房屋小,花园中的路又比花园小,这条小路是我袖珍型的花园的大道。和领土相对的是"领空",论"领空"却又是无限的,足以举目千里,足以俯仰天地,左顾有山外青山,右盼有绿野阡陌。适于心灵散步,眼睛旅行,也就是古人说的游目骋怀。这个无限大的"领空",是我开放性的院子。

有形的围墙围住一些花,有紫藤、月季、喇叭花、圣诞红之类。天地相连的那一道弧线,是另一重无形的围墙,也围住一些花,那些花有朵状,有片状,有红,有白,有绚烂,也有飘落。也许那是上帝玩赏的牡丹或芍药,我们叫它云或霞。

空气在山上特别清新,清新的空气使我觉得呼吸的是香!

光线以明亮为好,小屋的光线是明亮的,因为屋虽小,窗很多。例外的只有破晓或入暮,那时山上只有一片微光,一片柔静,一片宁谧。小屋在山的怀抱中,犹如在花蕊中一般,慢慢地花蕊绽开了一些,好像层山后退了一些。山是不动的,那是光线加强了,是早晨来到了山中。当花瓣微微收拢,那就是夜晚来临了。小屋的光线既富于科学的时间性,也富于浪漫的文学性。

山上的环境是独立的,安静的。身在小屋享受着人间清福,享受着充足的睡眠,以及一天一个美梦。

出入的交通要道,是一条类似苏花公路的山路,一边傍山,一边面临稻浪起伏的绿海和那高高的山坡。山路和山坡不便于行车,然而便于我行走。我出外,小屋是我快乐的起点;我归来,小屋是我幸福的终点。往返于快乐与幸福之间,哪儿还有不好走的路呢?我只觉得出外时身轻如飞,山路自动地后退;归来时带几分雀跃的心情,一跳一跳就跳过了那些山坡。我替山坡起了个名字,叫幸福的阶梯,山路被我唤做空中走廊!

我把一切应用的东西当做艺术,我在生活中的第一件艺术品——就是小屋。白天它是清晰的,夜晚它是朦胧的。每个夜幕深垂的晚上,山下亮起灿烂的万家灯火,山上闪出疏落的灯光。山下的灯把黑暗照亮了,山上的灯把黑暗照淡了,淡如烟,淡如雾,山也虚无,树也缥缈。小屋迷于雾失楼台的情景中,它不再是清晰的小屋,而是烟雾之中、星点之下、月影之侧的空中楼阁!

这座空中楼阁占了地利,可以省去许多室内设计和其他的装饰。

虽不养鸟,每天早晨有鸟语盈耳。

无须挂画,门外有幅巨画——名叫自然。

(1)为这篇文章制定教学目标,教学对象是高一年级学生。(3分)

(2)为这篇文章设计三个课后问题,并预设答案。(9分)

四、写作表达题(本大题共30分)

15. 阅读下面的材料,根据要求作文。

随着城市化进程,很多人离开故乡去城市发展;随着全球化进程,不少人离开故土去国外求学。人们距离自己的故乡越来越远。其实,所谓"故乡",不止是我们的生养之地,还是一种心灵的依托、文化的原乡。乡愁源于人的内心,不仅是因为身体远离故乡而生出的念想,更是因为心灵之家遭遇变故而形成的文化心理现象。

故乡日渐远去,如何安顿自己的心灵?有人心怀乡愁,故乡成为心灵的慰藉;有人放下乡愁,为进入他乡的新世界而欢欣……

对此,你有怎样的思考?请写一篇不少于800字的文章,表明你的态度,阐述你的看法。

要求:选好角度,确定立意;明确文体,自拟标题;不要套作,不得抄袭。

绝密★启封前　　　　　　　　　　姓名______　　准考证号______

教师招聘考试终极密押试卷(四)

中学语文

(时间120分钟　满分120分)

本套试卷共14小题,包括基础知识题(8小题)、阅读鉴赏题(3小题)、教学实践题(2小题)、写作题(1小题)。

一、基础知识题(本大题共8小题,共24分)

1. 下列词语中加点的字,每对读音都不相同的一项是(　　)(3分)

A. 裨益/稗官野史　剽悍/骠勇善战　诋毁/抵掌而谈　账单/为虎作伥

B. 涨幅/头昏脑涨　便利/便宜行事　纰缪/未雨绸缪　复辟/开天辟地

C. 轻佻/挑弄是非　氛围/异彩纷呈　押解/坚持不懈　揆度/功亏一篑

D. 阔绰/绰绰有余　结合/结结巴巴　萎靡/所向披靡　间断/间不容发

2. 下列各句中,加点成语的使用不正确的一项是(　　)(3分)

A. 从用词的讲究可以看出,这首诗的作者苦心孤诣,要在这有限的篇幅中营造出一种深邃有缘的意境。

B. 苏轼、苏辙兄弟情深,相聚时能举案齐眉,分别后彼此牵挂,以致苏轼望月思弟,不能自已。

C. 她从小就养成了自认为高人一等的优越感,即使在医院里要别人照顾,也依然颐指气使,盛气凌人。

D. 有些人明哲保身,不敢坚持原则,遇到难为之事总是见风使舵,喜欢顺水推舟。其实,做人不能太"精明",还是有些刚性更好。

3. 下列各句中,没有错别字的一项是(　　)(3分)

A. 与青铜骑士雕象隔河相望的圣彼得堡大学有着三百年悠久的历史,古色古香的巴洛克式建筑掩映在绿树丛中。

B. 年青人在绿草如茵的草坪上跳起了欢快的舞蹈,小孩子扎进花丛中捕捉蝴蝶,有人甚至在花园当中支起了账篷,打算在此度过他们浪漫的盛夏之夜。

C. 我知道,这个时候我想急切地溶入桃花,和她一起抒写生命的开放,让生命的美丽在这个时候达到辉煌的极至。

D. 太平洋中斜阳映出的波光,慰冰湖四围的秋叶,凝聚于大自然绮丽景色中的万种柔情,它们第一次开启了我童年的梦境。

4. 下列句子运用的修辞手法与其他三项不同的一项是(　　)(3分)

A. 电视广播以及行人的谈话全是法语,把你囚禁在一座法语的监狱无处逃遁。

B. 美国包着纸的橘子遇到北平带霜儿的玉李,还不惭杀!

C. 瀑布的水流经风一吹,扬起无数水星,像浮起的轻烟缓缓上升,像涌出的薄雾笼罩在空中。

D. 我要用手指那涌向天边的排浪,我要用手掌那托住太阳的大海,摇曳着曙光那支温暖漂亮的笔杆,用孩子的笔体写下:相信未来。

5. 学校中常见的期中考试、期末考试以及毕业会考都属于(　　)(3分)

A. 形成性评价　　B. 诊断性评价

C. 终结性评价　　D. 定性评价

6. 补写出下列名句名篇中的空缺部分。(5分)

(1)吾所以为此者,__________。(司马迁《廉颇蔺相如列传》)

(2)__________,眄庭柯以怡颜。(陶渊明《归去来兮辞·并序》)

(3)__________,往往取酒还独倾。(白居易《琵琶行·并序》)

(4)女娲炼石补天处,__________。(李贺《李凭箜篌引》)

(5)尽吾志也而不能至者,可以无悔矣,__________?(王安石《游褒禅山记》)

7.《普通高中语文课程标准》(2017年版)规定:通过学习任务群"实用性阅读与交流"的学习,丰富学生的生活经历和情感体验,提高阅读与表达交流的水平,增强__________、__________的能力。(2分)

8.《义务教育语文课程标准》(2011年版)要求:语文课程应注重引导学生多读书、__________,重视__________的实践,在实践中领悟文化内涵和语文应用规律。(2分)

二、阅读鉴赏题(本大题共3小题,共46分)

9. 阅读下面的诗歌,回答问题。

滕王阁诗

王　勃

滕王高阁临江渚,佩玉鸣鸾罢歌舞。
画栋朝飞南浦云,朱帘暮卷西山雨。
闲云潭影日悠悠,物换星移几度秋。
阁中帝子今何在?槛外长江空自流。

(1)诗歌第一句中的"临"字写出了滕王阁怎样的气势?下文的哪些景物是由"高阁临江渚"引发出来的?(4分)

(2)诗人抒发了怎样的感慨?结合诗歌首联的下句和尾联对此作简要分析。(4分)

10. 阅读下面的文言文,完成(1)~(4)题。

韦陟,字殷卿,与弟斌俱秀敏异常童。陟甫十岁,授温王府东阁祭酒。风格方整,善文辞,书有楷法,一时知名士皆与游。居丧,以父不得志殁,乃与斌杜门不出八年。亲友更往敦晓,乃强调为洛阳令。宋璟见陟叹曰:"盛德遗范,尽在是矣。"

迁礼部侍郎。陟于鉴裁尤长。故事,取人以一日试为高下。陟许自通所工,先就其能试之,已乃程考,由是无遗材。迁吏部侍郎,选人多伪集,与正调相冒,陟有风采,擿辨无不伏者,黜正数百员,铨综号为公平。自以门品可坐阶三公,居常简贵,视僚党傲然;其以道谊合,虽后进布衣与均礼。

李林甫恶其名高,恐逼己,出为襄阳太守。入考华清宫,杨国忠忌其才,谓拾遗吴豸之曰:"子能发陟罪乎?吾以御史相处。"豸之乃劾陟馈遗事。陟贬桂岭尉。会安禄山陷洛阳,弟斌没贼,国忠欲构陟与贼通,密谕守吏,令胁陟使忧死,州豪杰共说曰:"昔张说被窜匿陈氏以免今若诏书下谁敢庇公愿公乘扁舟遁去事宁乃出不亦美乎陟慨然曰命当尔其敢逃刑?"因谢遣,坚卧不出。

肃宗即位,起为吴郡太守,会永王兵起,委陟招谕,乃授江东节度使。与高适、来瑱会安州,陟曰:"今中原未平,若不斋盟质信,以示四方,知吾等协心戮力,则无以成功。"乃推瑱为地主,为载书,登坛曰:"皇天后土,实鉴斯言。"辞旨慷慨,士皆陨泣。

永王败,帝趣陟赴凤翔。初,季广琛从永王乱,非其本谋,陟表广琛为历阳太守,尉安之。至是,恐广琛有后变,乃驰往谕诏恩释其疑,而后趣召。帝雅闻陟名,欲倚以相,及是迁延,疑有顾望意,止除御史大夫。卒,年六十五。

(选自《新唐书·韦陟传》,有删改)

(1)下列对文中画波浪线部分的断句,正确的一项是(　　)(3分)

A. 昔张说被窜/匿陈氏以免/今若诏书下/谁敢庇公/愿公乘扁舟遁/去事宁乃出/不亦美乎/陟慨然曰/命当尔/其敢逃刑

B. 昔张说被窜/匿陈氏以免/今若诏书下/谁敢庇公/愿公乘扁舟遁去/事宁乃出/不亦美乎/陟慨然曰/命当尔其/敢逃刑

C. 昔张说被窜/匿陈氏以免/今若诏书下/谁敢庇公/愿公乘扁舟遁去/事宁乃出/不亦美乎/陟慨然曰/命当尔/其敢逃刑

D. 昔张说被窜/匿陈氏以免/今若诏书下/谁敢庇公/愿公乘扁舟遁/去事宁乃出/不亦美乎/陟慨然曰/命当尔其/敢逃刑

(2)下列对文中加点词语的相关内容的解说,不正确的一项是(　　)(3分)

A. 楷:文中指书体。汉字形体的演变,历经金文、篆书、隶书、草书、行书、楷书六大类形体。

B. 三公:国君手下负责军政事务的最高长官,也称"三司"。不同的朝代所指的官职不同。

C. 江东:自汉至隋唐称安徽芜湖以下的长江下游南岸地区为"江东"。也可以指其他地方。

D. 皇天:古代对天的尊称。后土:古代对地的尊称。古人认为天地能主持公道,主宰万物。

(3)下列对原文有关内容的概括和分析,不正确的一项是(　　)(3分)

A. 韦陟才华突出,遵守孝道。他从小聪明异常,十岁担任官职,擅长写文章;他的父亲去世,因父亲生前不得志,他和弟弟八年不出来做官。

B. 韦陟恪尽职守,为国选材。他在礼部任职,改变以往选人的方法;他在吏部任职,凭借个人素质,改变了吏部舞弊丛生的选人风气,人称公平。

C. 韦陟遭人忌恨,坚忍不屈。他因名声高被李林甫排挤;杨国忠妒忌他的才华,先指使人控告他,后又抓住他弟弟的事进行陷害,他没有屈服。

D. 韦陟慷慨陈词,忠于国家。有人叛乱时,他表达自己效忠国家的志向,感动士兵;他不顾皇帝的劝阻,去安抚曾经参加过叛乱的季广琛,维护国家利益。

(4)把文中画横线的句子翻译成现代汉语。(6分)

①陟许自通所工,先就其能试之,已乃程考,由是无遗材。

②帝雅闻陟名,欲倚以相,及是迁延,疑有顾望意,止除御史大夫。

11. 阅读下面的文章,完成(1)~(4)题。

父亲的家国

鲍鹏山

2004年暑假,我回老家看望父亲。父亲骨瘦如柴,双目视力几乎完全丧失,两耳的听力也微乎其微。在精力好的时候,他给我们说起他年轻时候的孤危和艰难。鲍姓在当地是小姓,我的祖父没有兄弟,单门独户又忠厚朴拙,我父亲也只有弟兄二人,叔叔老实可欺。我父亲的娘舅那边倒是人丁兴旺,却又人缘极差,乡誉极低,不仅不是可资利用的人际资源,反而要时时注意撇清干系,从而也无从依靠。说着说着,父亲就给我们背了一首诗:

人情相见不如初,多少英雄守困途。
锦上添花到处有,雪中送炭世间无。
时来易借金千两,运去难赊酒半壶。
识破人情全是假,还须自己着功夫。

背完此诗,父亲还顺带跟我们说起他的一位朋友。说起我父亲的这位"朋友",我们倒都认识,是镇上人。那时的镇上人,吃商品粮的,和我们相比,几乎是两重天。在我的记忆中,他们好像没有什么来往,也从来没有见过他们有什么杯酒之欢。到了后来,竟至于不来往了。原来,有一年,我父亲的这位朋友病了,父亲要去看望,可是家里实在太穷,什么也拿不出来,踌躇多日,只好硬着头皮,几乎空手去了。心想,朋友一定会理解。但没想到,朋友一见父亲几乎空着手,当时就拉下了脸。我父亲觉得大受伤害,也对"朋友"等等,心灰意冷。

父亲一生性情刚烈慷慨,仗义重谊,这次,他给我们背这首诗,带着满腹伤感,几乎唏嘘。我心里极感震动,那种人生的寒凉,一下子就包围了我。我问父亲,这是谁的诗?父亲说,他也不知道,是他年轻时,到一户人家,人家的中堂上,就写着这首诗,因为说中心中隐痛,触动心中感慨,一下子就记住了。

过了几日,我和大哥坐在父亲病床边,父亲和我们聊,那天他的情绪很好,他说有一首诗,是邵康节先生的,很好,就又背给我们听:

每日清晨一炷香,谢天谢地谢三光。
惟求处处田禾熟,但愿人人寿命长。

国有忠臣扶社稷，家无逆子恼爷娘。

四方平定干戈息，我纵贫时也不妨。

我父亲少时读私塾，读《论语》《孟子》，读《千家诗》，几年的私塾教育，使他终生都像一个读书人，有着读书人的情怀气质，常常民胞物与，感怀万端；有着读书人的思维方式，时时礼义廉耻，仁义道德；还有着天下家国的眼光，总是忠臣孝子，修身齐家。我后来到了城市，在城市里见到不少我父亲这个辈分的人，他们大多认识字，能读报，还有各自的技术或专业，见识也广，但是却毫无父亲的那种读书人的气质。这促使我思考什么才是真正的教育，什么才是真正的文化，什么才是真正的素质。

但是啊，深受私塾熏陶的父亲后来却终生在农村，做一个地道的农民，身边几乎没有一个人能理解他的情怀和感慨。他是何等的孤独啊。这种孤独，是那样的深，却又那样的长——长到他自己的一生。

他后来砸锅卖铁，也要让我们念书，在没有高考的时代，在社会禁锢阶层流动的时代，这样的读书完全没有什么目的。他大概是太寂寞了吧，希望通过自己的培养，让我们能听懂他的心声？

我在父亲给我背的两首诗中，感受到了他对这个世界的失望和伤感，也感受到了他对家国的真诚祈祷。

不久，我的父亲就去世了。在那样偏僻的乡下，在那样一个完全无人注意的角落，我的农民父亲，对人生有着那样苍凉的感受，还有着那样深重的对家国的关怀。这令人难以置信，这是一个文化的奇迹，也是一个人的奇迹。

父亲曾经对我有很多的期望，但是，他最后对我的交代，就仅仅是希望我花钱不要太大手大脚。“你负担重啊。”这是他对我说的最后的话。

我知道我不能让父亲对我完全满意。但我会一直秉持良心写作和教书，因为，我生活在父亲的家国，我会像我父亲一样，为天下家国祈祷。

（摘自《经典美文》，有删改）

(1)理解文中画线句子的含意。(6分)

①这种孤独，是那样的深，却又那样的长——长到他自己的一生。

②这是一个文化的奇迹，也是一个人的奇迹。

(2)“父亲”是一个怎样的人？请结合全文简要概括。(6分)

(3)文中两次引述“父亲”背诵的诗歌，请结合文章内容分析其作用。(6分)

(4)“父亲”对“我”说的最后的话是：“你负担重啊。”请结合全文，谈谈你对“父亲”这句话的理解。(5分)

三、教学实践题(本大题共2小题，共20分)

12. 下面是一位教师在实施《荷塘月色》教学时的开头导入环节，试针对此设计作一评析。(12分)

师：我们对朱自清这个名字并不陌生，初中时学过他的什么散文名篇？是的，朱自清是一位散文大家，同学们对他的生平经历还知道些什么？(以上问答可灵活掌握，以下教师简述)

师：是的，朱自清先生由一位小资产阶级出身的知识分子锻炼成长为“表现了我们民族的英雄气概”的著名诗人、作家、学者，经历了艰难曲折的道路。今天我们学习他的代表作品《荷塘月色》，从中我们可以看到他在大革命失败的日子里悲愤彷徨的复杂心情，了解他为什么要在对美好景物的描摹中排遣哀愁的原委。当然，教学重点应放在作品结构、语言、技法的分析理解上，从而认识本文主旨。

13. 王蒙《善良》课外阅读教学实录片段(教学对象为高一年级学生)。(8分)

师：《农夫与蛇》《东郭先生与狼》两个寓言故事，大家很熟悉，讲的都是善良的人“好心不得好报”。生活中，关于“善良”这个话题，也有“善有善报，恶有恶报”“人善被人欺，马善被人骑”等谚语、俗语。你对善良有什么看法呢？带着这个问题读《善良》，看看作者持什么观点。

(学生通读全文)

师：哪位同学来说一说自己勾画出的最能表现作者基本观点的句子？

生1：“我喜欢善良。我不喜欢凶恶。”

生2：“我相信，国人终归会愈来愈善良而不是相反。”

生3:我认为上面两句合起来才是作者的完整观点。

师:那么,你能用一句话概括吗?

生(稍作思考后):喜欢善良,并相信国人终归会愈来愈善良。

师:大家还有其他意见吗?

生:没有了。

师:好。看来作者的观点明确了。下面大家迅速通读课文,看一看王蒙先生是分几个部分来论述自己的观点的。

(学生速读,思考、交流)

问题:该教师设计这一环节是否多余?说明理由。

四、写作题(本大题共30分)

14.阅读下面的材料,按要求作文。

1933年,29岁的郑大章获得法国国家理化博士学位后,拒绝了导师居里夫人的挽留,回国筹建镭学研究所,筚路蓝缕,成为"中国放射化学的奠基人"。

1950年,26岁的旅美物理学博士朱光亚归心似箭,他在《给旅美同学的一封公开信》中写道:"让我们回去,把我们的血汗洒在祖国的土地上,灌溉出灿烂的花朵。"

1989年,26岁的著名体操运动员、奥运冠军李宁退役后,创立了自主研发专业体育用品的"李宁"公司,致力于打造领先全球的民族品牌。

2020年,北京航天飞行控制中心指控大厅里随处可见洋溢着自信的青春面孔。数百个关键测控岗位上的负责人,大多为"80后""90后",平均年龄仅33岁。

正如钟南山院士所说,青年人"不但要有志气还要争气"。对此,你有怎样的认识和思考?请以"志气与争气"为题,写一篇议论文。

要求:观点明确,内容充实,论证合理。

目　录

最后冲刺试卷

终极密押试卷

参考答案及解析

教师招聘考试中学语文最后冲刺试卷(一)

一、单项选择题

题序	1	2	3	4	5	6	7	8	9	10
答案	A	D	D	D	D	A	C	D	D	C

1. A 【解析】本题考查字音的辨析。B项,祈求(qí),咄咄逼人(duō)。C项,惩处(chéng),叱咤风云(zhà)。D项,剽窃(piāo),毋庸置疑(wú)。

2. D 【解析】本题考查修辞手法的辨析。D项,是反问,但作用是强调贪污犯、盗窃犯曾在“三反”“五反”斗争中出现过。

3. D 【解析】本题考查病句的辨析。A项,“尤其这种能够‘玩出创意’‘玩出个性’的方式,对于年轻消费者表现出极大的兴趣”主客倒置,应改为“尤其是年轻消费者,对于这种能够‘玩出创意’‘玩出个性’的方式表现出极大的兴趣”。B项,“采用编年体的形式为主”句式杂糅,可改为“采用……的形式”或“以……为主”。C项,前后分句主语不一致,第一个分句关联词语“虽然”应放在“国际互联网”的前面。

4. D 【解析】本题考查文学常识的识记。D项,“这个人物是作者根据想象创作出来的”错误,小说中的人物形象并不完全是想象,可以从生活中选取原型。

5. D 【解析】本题考查文化常识的辨析。D项,阳,山南、水北;阴,山北、水南。“华山之阳”指的是华山的南面。

6. A 【解析】本题考查中国古代文学作品的掌握。“满纸荒唐言”不仅指书中“炼石补天”“青埂峰”等荒唐故事,也指全书描写的当时社会的腐朽、残酷、互相倾轧以至走向灭亡的道路。由于作者在书中对许多人物抱有同情之感,所以说自己是饱含着“一把辛酸泪”来写这部著作的。他唯恐后人不知他的真实意图,故云:“都云作者痴,谁解其中味?”诉说了他难以直言而又生怕不被理解的心情。

7. C 【解析】本题考查《义务教育语文课程标准》(2011年版)总目标的掌握。总目标强调了学生在语文学习中的主体地位。

8. D 【解析】本题考查《普通高中语文课程标准》(2017年版)学科核心素养的内容。学科核心素养主要包括“语言建构与运用”“思维发展与提升”“审美鉴赏与创造”“文化传承与理解”四个方面。

9. D 【解析】本题考查《义务教育语文课程标准》(2011年版)总目标的理解。《义务教育语文课程标准》(2011年版)提出的“学会倾听”,不仅仅是指从字面上倾听对方所说的内容,更重要的是要以耐心、专注的态度,理解对方所表达的观点和意图,这才是“倾听”的真正含义。

10. C 【解析】本题考查《普通高中语文课程标准》(2017年版)“跨媒介阅读与交流”任务群学习目标与内容的识记。C项《普通高中语文课程标准》(2017年版)中“跨媒介阅读与交流”任务群学习目标与内容指出:关注当代网络文学和网络文化,坚持正确的价值导向,辩证分析网络对语言、文学的影响,提高语言、文学的鉴赏能力。

二、填空题

11. 渚清沙白鸟飞回
12. 人非生而知之者
13. 岸芷汀兰
14. 吟鞭东指即天涯
15. 狂人日记
16. 田园;东晋
17. 中庸;大学
18. 孔雀东南飞;古诗十九首
19. 整体性;阶段性
20. 定量;定性

三、古文鉴赏题

21. D 【解析】“皆无益亡者”是“皆无益于亡者”的省略形式,中间不能断开,排除A、C两项。“是以祖考因旧立庙”的意思是因此为祖父、父亲立庙都应在原来的地方。“祖考”作主语,“立庙”作谓语,“是以祖考因旧立庙”中间不应停顿,排除B项。故选D。

22. B 【解析】B项,“汉代在长安东市公审重犯,后以之代指司法审判的场所”错误,东市本指城东的店铺集市,汉代在长安东市处决犯人,后以“东市”指刑场。

23. D 【解析】D项,“传授为政的经验”错,无中生有。据原文,冯跋是向任职官员问询施政的要领,根据他们的回答来了解官员的志向和能力。

24. 【参考答案】(1)他的三个弟弟都见义勇为、行侠仗义,不修治品行功业,只有冯跋恭敬谨慎,致力于家业,父母都很器重他。

(2)武备是用来平息战乱的,文事是用来治理政务的,安定国家,匡救时俗,实是凭借这两样。

四、文本阅读与教学设计题

25. 【参考答案】(1)用“出淤泥而不染”,象征君子身处“污”却不“合污”、出于“俗”却不“随俗”的品质,可谓高洁;用“濯清涟而不妖”,象征君子的不事张扬和无意炫耀的品性,可谓质朴而稳重;用“中通外直,不蔓不枝”,象征君子的特立独行、坦荡正直;用“香远益清”,象征君子的美德将广播天下,其美名将久远传扬;用“亭亭净植”,象征君子的美好姿质。

(2)①使用了衬托的手法,作者用“世人甚爱牡丹”和“牡丹之爱,宜乎众矣”来反衬“予独爱莲”,以此表达了对莲的情有独钟,其爱的专一由此可见一斑。②使用了托物言志的写法。表面写“莲”,实则表达了作者清雅脱俗、洁身自好的情怀。

26.【参考答案】(1)导入语:说到花,你最喜欢什么花?为什么?看来因为大家的性格和经历有所不同,所以喜好也不同。但是,无论如何,花,这一大自然中的景物,已经被人们赋予了情感寄托,赋予了特别的文化含义。今天,就让我们一起走进周敦颐的名篇《爱莲说》,看看莲在这位宋代大哲学家的心中又有怎样的情感寄托。

(2)教学目标:①能正确、熟练地背诵短文,并能全文翻译。②能解释一些重点实词、虚词。③能鉴赏文本、理解短文所运用的表现手法和表达的思想感情。

教学重点:①理解字词的意思。②能熟练、正确地背诵、默写课文,翻译短文。

教学难点:在诵读文本的基础上,实现对作者借赞美莲花所表现出来的君子情怀的品味。

27.【参考答案】(1)①从文章看,最主要的是平等观念。在作者那里,人是生而平等的,各人境遇不同,甚至差别很大,不过是幸运与不幸造成的差别。所谓幸与不幸,包括天赋条件、成长条件、生理条件,幸运者只有关爱不幸者的责任,没有歧视不幸者的理由。有平等意识,才会平等对话,才会感觉人家上门来“没请他坐坐喝口茶水”是很抱歉的。

②人道主义精神。这种精神要求社会关心个人、同情个人,尊重个人对社会作出的贡献,尊重人格,维护社会成员的基本权利,并促进全体劳动者的全面发展。作者一家对老王是怀有这种精神的。知道老王有夜盲症,就送了大瓶鱼肝油。他们总是照顾老王生意,坐他的车,让他挣点钱。老王收钱常常客气,他们总是照原价付。载客三轮被取缔了,还是关心老王是否能维持生活。总之,对不幸者怀有一颗爱心,才能这么关心人,爱护人。老王在生命最后的日子里,身子僵直,样子非常吓人,作者心里只有同情和悲酸。老王死了好几年了,作者每每想起来还感觉有愧于这个不幸者,总觉得在他生前,对他关爱不够。所有这些,都是社会主义人道主义精神的反映,是公民道德建设所提倡的。

(2)①开头四段先写老王的三点基本情况。这三点是按逻辑顺序安排的。一是职业,这是老王的谋生手段;二是生理缺陷,这是老王谋生的困难;三是居住条件,这是前两点的结果,收入少,当然生活苦。第5~7段按时间顺序,回忆老王的工作与为人,两个片段写他为人好,一个片段写他的生计越来越艰难。第8~16段是老王离世前一天的事情,最能看出老王的心地善良。

②作者以与老王的交往为线索。坐老王的三轮,一路说说闲话,作者平易近人,老王也肯把身世相告。写老王眼疾,说到女儿给他大瓶鱼肝油,可见一家人对老王很照顾。老王对钱家也好,在服务费上双方总是非常客气。载客三轮改平板三轮,没法坐了,作者还是很关心老王,对老王很好,所以老王总觉得欠了一笔人情,在生命最后的日子也要表示感谢。以彼此交往为线索,全文一脉相承,成为一个有机的整体。

28.【参考答案】(1)教学重点:理解作者的情感态度,体验“愧怍”的真正含义。掌握记叙性散文中通过事情的记叙来表现人物形象的写作手法。

教学难点:体会用善良体察善良,了解在特殊年代里人与人之间的关系,尤其是底层人民高尚的思想情操。

(2)教学过程:①请同学们自由读8~16自然段,揣摩探讨。对于人物形象的塑造经常要用一定的人物描写方法,你所知道的人物描写方法有哪些?

明确:肖像描写、动作描写、神态描写、语言描写、心理描写等。

A. 肖像描写

画出这一部分中关于肖像描写的句子,读一读并体会其表达作用。

a. 开门看见老王直僵僵地镶嵌在门框里……他面色死灰,两只眼上都结着一层翳,分不清哪一只瞎,哪一只不瞎。说得可笑些,他简直像棺材里倒出来的,就像我想象里的僵尸,骷髅上绷着一层枯黄的干皮,打上一棍就会散成一堆白骨。

b. 那直僵僵的身体好像不能坐,稍一弯曲就会散成一堆骨头。

明确:两处肖像描写都突出了老王身体的枯瘦和极度虚弱,让人想象他扶病到“我”家来的艰难,从而突出了他的善良与懂得感恩。

B. 动作描写

a. 他“嗯”了一声,直着脚往里走,对我伸出两手。他一手提着个瓶子,一手提着一包东西。

b. 他一手拿着布,一手攥着钱,滞笨地转过身子……看他直着脚一级一级下楼去。

明确:这些动作描写,突出了老王行动的艰难,在身体如此虚弱的情况下给“我”家送来香油和鸡蛋,可见其真情。

C. 语言描写

a. 我不吃。

b. 我不是要钱。

明确：语言的描写展现了老王的真诚，不善于表达。老王是一个淳朴的人，底层人物的典型，临死前还惦记着作者一家人。

②老王临死之前还要送作者一家人鸡蛋和香油的行为背后究竟隐藏着他怎样的心理呢？

明确：像老王这样一个饱受白眼的下层劳动者，能够得到杨绛夫妇这样的知识分子的关心，在他的心中是充满喜悦和感激的，所以临终前他也要将这份感激表达出来。

③小结：老王在行将就木之际，拿着自己舍不得吃的鸡蛋和香油来送给杨绛。他此次来，应该知道自己将不久于人世，之所以拖着"直僵僵"的身躯，最后一次来到杨绛家，很显然有他内心的考虑：他要表达对杨绛一家人的感激和关怀。这个时候老王是把杨绛一家当成最亲的人的，他不需要任何的同情或回报。他想要的是温暖无私的情谊的投入。然而，他的苦心最终遗憾地被杨绛误解，使其成为一种简单的钱与物的交换。

五、作文题

29.【例文】

敬业守初心，奉献绽芳华

尊敬的老师、亲爱的同学们：

大家好！我今天演讲的题目是"敬业守初心，奉献绽芳华"。

"羡子年少正得路，有如扶桑初日升。"亲爱的同学们，我们要肩负青春使命，担当家国责任。你我应该学习时代楷模，敬业守初心，奉献绽芳华。

学习时代楷模，就是学习具有时代性和典型性的先进人物身上所体现的爱国、敬业、诚信与友善。实现青春价值，就是通过学习时代楷模身上所表现的中华民族传统美德，让青春在为祖国为人类的奉献中熠熠生辉，焕发出更加绚丽的光彩。因为"时代楷模"是启明一颗星，照亮青春前行的征程。"时代楷模"是暗夜一束光，指引青春航行的方向。"时代楷模"是文明一缕风，鼓动理想之帆抵达彼岸。

繁星闪耀扶贫路，无私奉献绽芳华。时代楷模黄文秀，壮乡之子，饮水思源，铭记自己是靠国家助学而成长为一名研究生的，她心系百坭村418名贫困群众，公而忘私，甘于奉献，坚守老区脱贫致富奔小康的初心。"落红不是无情物，化作春泥更护花。"在脱贫的战场——百色大山的红色沃土上，绽放文气秀美的黄花。

医护工作者张静静身在抗疫第一线56个日日夜夜，舍小家顾大家，用大爱守护生命，被患者喻为"暗夜里的一束光"。"捐躯赴国难，视死忽如归。"秉持自己"愿以我辈之青春，守护盛世之中华"的诺言，张静静美好的青春永远定格在33岁。

2020年全国先进工作者张玉滚大学毕业后，放弃在城市工作的机会，回到家乡，从一名每月拿30元钱补助、年底再分100斤粮食的民办教师干起，一干就是17年。

说什么岁月静好，这是这些时代楷模、先进工作者——"中国人的脊梁"的负重前行甚至是牺牲换来的。同学们！基辛格在《论中国》中曾说"中国人总是被他们之中最勇敢的人保护得很好"。学习时代楷模，践行爱国、敬业、诚信、友善的中华传统美德，扎根于伟大祖国，不畏一切考验锤炼，自强不息，开放包容，实现青春价值，追逐百年梦想，你我当仁不让！

"为有牺牲多壮志，敢教日月换新天。"同学们！你们已是高三学生，在未来的日子里，学习生活纵然波诡云谲，也请你们乘时代楷模文明之风，奋力摇桨，胜利到达青春的光明彼岸！

谢谢大家！我的演讲完毕。

教师招聘考试中学语文最后冲刺试卷(二)

一、单项选择题

题序	1	2	3	4	5	6	7	8	9	10
答案	B	D	A	A	D	D	A	C	D	B

1. B 【解析】本题考查字形的辨析。A项，"融汇贯通"应为"融会贯通"。C项，"篮图"应为"蓝图"。D项，"浮想联篇"应为"浮想联翩"。

2. D 【解析】本题考查病句的辨析。A项，"理论"与"实施"搭配不当，应将"实施"改为"体现"。B项，成分残缺，应改为"老龄人口所占比例高于全国平均水平"。C项，句式杂糅，应改为"但其章节设置、阐释深度等方面……"或"但就其……等方面来说"。

3. A 【解析】本题考查标点符号的辨析。B项，"从一处古墓，一些美玉"中的逗号应改为顿号，因为顿号用于并列的词语或短语之间。C项，"不学诗，无以言。"中的句号应放在引号的外面。D项，"足够强大""坚持得足够久"是分句间的并列，中间的顿号应该改成逗号。

4. A 【解析】本题考查外国文学史的识记。19世纪30年代以后应该是现实主义文学，A项是英国狄更斯的作品，为现实主义文学。B项是海明威的作品，为现代主义文学。C项是雨果的作品，属于浪漫主义文学。D项是爱尔兰剧作家贝克特的作品，是现代主义文学。

5. D 【解析】本题考查古代文学常识的识记。D项，《天净沙·秋思》体裁是散曲中的小令，不是诗。

6. D 【解析】本题考查文化常识的识记。D项，应为“小令显得轻灵飞动，而长调则便于写景、叙事和抒情的交互融合”。

7. A 【解析】本题考查《普通高中语文课程标准》(2017年版)课程性质和基本理念的识记。A项，应为“语文课程应引导学生在真实的语言运用情境中，通过自主的语言实践活动，积累言语经验”。

8. C 【解析】本题考查《普通高中语文课程标准》(2017年版)教学建议的内容。新课标中关于教学建议的内容为：发挥语文课程的独特功能，促进学生语文学科核心素养全面发展；充分理解学习任务群的特点，处理好学习任务群之间的关系；创设综合性学习情境，开展自主、合作、探究学习；整体把握必修和选修课程，加强课程之间的衔接和统整；探索信息化背景下教与学方式的转变；提高课程开发与设计的能力，实现教师与课程同步发展。

9. D 【解析】本题考查普通高中语文必修课程内容。“中华传统文化经典研习”是选择性必修课程内容，必修课程包括“整本书阅读与研讨”“当代文化参与”“跨媒介阅读与交流”“语言积累、梳理与探究”“文学阅读与写作”“思辨性阅读与表达”“实用性阅读与交流”7个。

10. B 【解析】本题考查练习题设计意图的辨析。题干中提到的练习题一是让学生在阅读课文后改写文章，并提倡展开个人想象来写作，体现了C、D两项。练习题二是对人物形象的分析，可以加深对人物形象的理解，体现了A项。

二、填空题

1. 地崩山摧壮士死
2. 潦倒新停浊酒杯
3. 不坠青云之志
4. 诵明月之诗
5. 杜甫
6. 会意；形声
7. 陀思妥耶夫斯基
8. 综合性；实践性
9. 知识；思想情感
10. 诊断；激励；选拔

三、判断题

题序	1	2	3	4	5	6	7	8	9	10
答案	√	√	×	×	√	√	×	√	√	×

1. √【解析】本题考查汉字的演变顺序。

2. √【解析】本题考查现代汉语内容的识记。该题干换句话说是词的义项既可以是词义，也可以是语素义，词是由语素构成的，有单纯词，也有合成词。但无论哪一种词，都存在词义和语素义两方面的含义，且词义和语素义也必然存在着一定的联系。

3. × 【解析】本题考查古代文学知识。《楚辞》是我国第一部浪漫主义诗歌总集。

4. × 【解析】本题考查古代文学知识。二十四史是从《史记》到《明史》，清代只有《清史稿》。

5. √ 【解析】本题考查古代文化常识。

6. √ 【解析】本题考查古代文化常识。

7. × 【解析】本题考查古代文化常识。“迁”有升有降，“左迁”是贬职，升官极少用“右迁”一词，一般用“迁”“擢”等。

8. √ 【解析】本题考查外国文学知识。

9. √ 【解析】本题考查语文课程性质的相关内容。

10. × 【解析】本题考查教学评价类型的辨析。绝对性评价可以衡量学生的实际水平，了解学生对知识、技能的掌握情况，它关心的是学生掌握了什么、能做什么或没掌握什么、不能做什么，宜用于升级考试、毕业考试和合格考试。它的缺点是不适用于甄选人才。

四、古代诗歌阅读题

1. B 【解析】B项，第三句至第六句是自问自答，说明自己之所以离乡这么久而不归去，完全是由于为国服役、无法分身的缘故，表现了无可奈何的感情。

2. C 【解析】这是一首行役诗，诗中描写了久戍未归的征人的怀乡之思。诗歌以景起，以情终，景物描写细致逼真，情感表达直露，但不管是写景还是抒情，诗歌自始至终贯穿着思乡这根主线。因此，这首诗歌的整体风格是悲伤低沉。

3.【参考答案】(1)宋代洪咨夔在《促织》诗中刻画了促织的形象以及促织鸣叫之声，并以夸张笔法刻画促织担心因鸣声似织机而被人报到官府来勒索租税的心理，暗喻织妇不堪重赋之忧心忡忡。表现作者对官府盘剥制度辛辣的嘲讽与批判，揭露深刻又曲折委婉。

(2)王赞《杂诗》中写的是战士苦守边关的心境，当年离乡的时候春光明媚，黄莺啼啭，如今又到岁暮，蟋蟀悲鸣，自己却依然无法返乡，表达的是战士内心的痛苦与悲哀。

五、现代文阅读题

1. B 【解析】B项，“暗示了树对‘我家’造成的实际威胁”说法有误，原文“怕那些大树顺风倒下来砸着我家的破瓦房”几句实际表现的是“树”为“我家”挡风。

2.【参考答案】(1)锋利的锯子就这样锯下了生命力旺盛的大树，令人心痛。

(2)村民们的外出就这样使他们的家园日渐荒芜，杂草丛生。

3.【参考答案】①村民像对待神灵一样来对待大柏

树，表现他们对树的敬畏；②为了乡村的发展，不得不牺牲大柏树，村民通过祭祀来表达对大柏树的歉意。（意思对即可）

4.【参考答案】①"我"感受到老家草木旺盛的生命力。故园草木的生机勃发与乡村生活的日益衰落有密切的关系，村民越来越多地选择走出乡村，把家园还给草木。草木的旺盛，正是乡村凋零的具体表现。②"我"对故园浓浓的依恋之情。故园在我的心中，是一个草木茂盛的地方，是草和木的乐园；故乡茂盛的草木，是我浓郁的思乡之情，草木是我们永远的精神家园。③草木的葱茏，能让人油然而生"田园将芜胡不归"的人生思考。

六、文本解读与教学设计题

1.【参考答案】全文短短的八十余字，分三层，第一层叙事，第二层写景，第三层议论。首句即点明事件发生的时间。接着写作者见月色而"欣然起行"，充分显示出内心的喜悦，进而想到要与人分享喜悦，应该有人共同赏月，才不致辜负如此良夜。"念无与为乐者"这个"念"字，写出心理活动的发展过程。"庭下如积水空明，水中藻、荇交横，盖竹柏影也。"这是写月光的极度传神之笔。短短三句话，没有写一个月字，却无处不是皎洁的月光。作者用"积水空明"四个字，来比喻庭院中月光的清澈透明；用"藻、荇交横"四个字，来比喻月下美丽的竹柏倒影，可谓勾魂摄魄，精练得无以复加。"但少闲人如吾两人者耳"作者最后这一句慨叹，诚然有自豪和自慰的意味，但较多的还是惆怅和悲凉。

2.【参考答案】教学目标：

1. 掌握文言词汇，理解课文内容。
2. 品味文中的优美语言，理解作品意境，体会文中蕴含的思想感情。
3. 体悟文人积极达观的处世态度，树立正确的人生观。

教学重点：

1. 反复诵读，形成语感。
2. 品味文中的优美语言，理解作品意境，体会文中蕴含的思想感情。

教学难点：

解读"闲人"二字，体悟文人积极达观的处世态度，树立正确的人生观。

教学过程：

一、导入

（教师唱《但愿人长久》，营造氛围，引入课题）

师：知道这首歌的名字是什么吗？这首词的作者是谁？词中的名句是哪句？月是文人墨客笔下的宠儿，你还知道哪些有关月的名句？下面让我们学习苏轼的写月名篇《记承天寺夜游》，走进苏轼。

二、解读标题

明确：文体（记），时间（夜），地点（承天寺）

三、交流预习体会，明确学习目标

1. 学生资料展示，走进苏轼，了解作者及写作背景。
2. 学生交流预习收获与疑难，明确个体学习目标与全体学习重点。

四、初读课文，体会层次美

1. 自由朗读，明确朗读要求。

要求：读得流畅响亮，读得字正腔圆，读得抑扬顿挫，读得层次分明。

2. 小组再读课文，体会文章层次美。

指导：表达方式的不同，感情不同，语气语调不同。

3. 指名读，读出记叙、描写、抒情的不同感情。
4. 播放视频，听读课文，体会层次美。
5. 男女生分角色朗读，体会抑扬顿挫、节奏分明的层次美。

五、疏通文意，合作研讨

1. 学生交流以往学习文言文的经验及明确重点。
2. 小组合作，借助课文注释，理解句意，并在便利贴上整理重点。抓住重点字和特殊句式，重点句子翻译等。
3. 学生整理汇报，解决疑难。
4. 全文整体感知。

六、深入探究，感受胸怀美

1. 思考：文中哪个字最能体味到作者的内心情感？苏轼是"闲人"吗？

扣住文眼"闲"字做文章，引导学生到文中寻找答案。学生自己找，自己讲，自己归纳，教师点拨。

2. 明确主旨句"但少闲人如吾两人者耳"，体会人物胸怀境界美。

教师小结：苏轼看上去真的很闲，无官一身轻，有闲情雅致欣赏美景（赏月的欣喜，漫步的悠闲），但其内心深处不愿意做一个无官一身轻的闲人。他不断被贬，却能够随遇而安，我们从苏轼的身上看到了豁达乐观，看到了其一生屡遭贬谪，但始终释然面对，达观豁达的胸怀。

3. 探究"文人心境"。

补充欧阳修、范仲淹等材料，课外延伸。

七、拓展迁移，培养胸怀美

1. 展示烦恼清单。可以是学习方面的，与朋友、父母交往方面的，可以是体态长相方面的。通过实物投影展示清单。
2. 讨论：遇到烦恼时，应该如何面对？

八、结束语

苏轼一生坚守自己的政治理想，为此，他屡遭贬谪，历经坎坷，他的那份豁达乐观如皎洁的明月照亮了历史的天空！那么当我们面对生活的风雨时该如何做呢？请同学们齐读寄语：海纳百川，有容乃大。面对风雨坎坷，让我们学习古代先哲的智慧。这样,也许我们就会找回人生的坐标,用纯净的笔去书写我们大写的人生!

七、作文题

【例文】

有一种竞争叫急功近利

钢琴大师格拉夫曼的话引发人深深的思考……

是的,国人太强调竞争,一个"太"字形象地描绘出国人急切的心态。"尤其要争第一"是这种心态的一种延续,绝大多数的家长在日常生活中不自觉地强调竞争,这种行为让孩子苦不堪言。这种竞争的本质是急功近利。

毫无疑问,竞争是必要的,争做第一更是难能可贵的品质;在当今喧嚣的文化领域中,又有几人能不卷入竞争呢?幼儿园的孩子与小伙伴竞争谁获得的小红星多,小学的孩子要比拼谁背的诗文多,初中的孩子要竞争谁的分数高,高中各校要竞争谁的升学率高……因为"不要输在起跑线上"之类的标语深入人心,所以各类培训班如过江之鲫;因为太多人相信"没有人知道世界第二高峰",所以"争第一"就甚嚣尘上。

不可否认,在竞争中赢得第一的确可以暂时获得认可,然而,又有几人能够长期维持第一的位置呢?就算是你在某个方面能维持较为长久的第一,但你的内心深处真的快乐吗?竞争中获得第一会让你光彩夺目,但这只能是我们追求过程中自然而然的结果。倘若我们把这样的结果当成目标来追求,那这种追求会让你精疲力竭苦不堪言。这样的追求又有什么值得提倡的呢?

陈鹤琴先生有一句名言:"没有教不好的学生,只有不会教的老师。"这句话只能作为教师的自勉而不能作为对教师的要求。倘若,教师能以此自勉,我们应该对这类教师致以崇高的敬意。而将其作为对教师的要求,那这就是一把枷锁,它让教师喘不过气。同理,我们强调竞争的精神,也重视争第一。但,我们只能用"争第一"的精神来自勉。当这种精神用以自勉时,它是难能可贵的。倘若把"争第一"作为目的,那它会成为枷锁而让我们苦不堪言。

过分"争第一"是很可怕的,人不可能天天过着打鸡血的日子。从小以竞争的名义对孩子进行智力开发和知识灌输也是很可怕的,过多的知识会使孩子的大脑变成计算机的硬盘,进而破坏了想象力与思考能力,造成孩子被动接受知识而疏于主动思考。

德国对孩子的教育是很少强调竞争的,他们不主张孩子赢在起跑线,但他们拥有世界一半的诺贝尔奖;国内很多家长都望子成龙,都希望孩子赢在起跑线上,但却引发了著名的"钱学森之问"。当"争第一"的理念成为日常生活的不自觉时,它就会成为精神的枷锁,我们丧失的不仅是想象能力与思考能力,更是民族的未来!

教师招聘考试中学语文最后冲刺试卷(三)

一、单项选择题

题序	1	2	3	4	5	6
答案	B	D	C	D	D	C
题序	7	8	9	10	11	12
答案	B	B	D	B	A	A

1. B 【解析】本题考查字音的辨析。A项,加点字的读音分别为yàn/yǎn,fǔ/fú,fěi/fēi。B项,加点字的读音分别为yā/yā,jí/jí,niǔ/niǔ。C项,加点字的读音分别为biǎn/piān,bō/bó,zāo/cáo。D项,加点字的读音分别为bó/pō,chì/pìn,wǔ/huì。

2.D 【解析】本题考查成语的运用。A项,草行露宿:走在野草里,睡在露天下。形容走远路的人艰苦和匆忙的情形。用在此处不合语境。B项,洋洋洒洒:形容文章或谈话内容丰富,连续不断;形容规模或气势盛大。用在此处使用对象错误。C项,望洋兴叹:本义指在伟大的事物面前感叹自己的渺小,今多指要做一件事而力量不够,感到无可奈何。用在此处望文生义。D项,解囊相助:解开口袋,指拿出财物来帮助人。

3. C 【解析】本题考查病句的辨析。A项,语序不当,"所有"应放在"企业"之后。B项,语序不当,应为"精神不振,甚至出现低血糖休克"。D项,语序不当,应先造成"生产成本大幅提高",再"引起消费者信心指数连续下降"。

4. D 【解析】本题考查句子的衔接。整段话的思路是,先说社会特点,再论读书作用。据此,可确定⑤在前面,③承⑤的"躁动",并引出②读书的作用;①④⑥都是讲读书的作用,①紧接着前文的"躁动"论述,故而排在前,⑥的"也"表明它应该在最后一句。故选D。

5. D 【解析】本题考查文学常识的辨析。D项,魔幻现实主义文学是一种用魔幻的内容表现现实生活的写作手法。虽然情节怪诞,却突显真实。这一流派产生于拉丁美洲。

6. C 【解析】本题考查文学常识的辨析。C项,《寒夜》是巴金的作品。A、B、D三项均是老舍的作品。

7. B 【解析】本题考查关联词语的运用。所给语段重点强调"奥斯卡金像奖"的本土性,因此①②应分别选"不是""而是",排除A、D两项。再比较B、C两项,"只是"为"仅仅是"的意思,而"正是"为"就是、恰是"的意思,"才"表必要条件,"就"表充分条件，语段中“美国电影文化影响了全球电影游戏规则”和“超越本土性，被视为世界电影‘至尊’”之间是必要条件关系，故③④两处应分别选“只是”“才”，排除C项。答案为B项。

8. B 【解析】本题考查句子类型的辨析。A、C、D三项复句均为转折关系。B项是因果关系。

9. D 【解析】本题考查词语类型的辨析。A项，均为联合式。B项，均为偏正式。C项，均为补充式。D项，“达标”是动宾式，其余均为主谓式。

10. B 【解析】本题考查文化常识的辨析。B项，《三国志·吴志·吕蒙传》注引《江表传》：“光武当兵马之务，手不释卷。”这是孙权劝导吕蒙的话。

11. A 【解析】本题考查正确使用标点符号的能力。B项，括号中的内容是对“句中无余字，篇中无长语”的注释，应紧跟在第二个引号后面。C项，句末句号应放在引号内。D项，应删去句中的冒号。

12. A 【解析】本题考查语言表达得体的能力。A项，“小女”是谦称自己的女儿，使用正确。B项，“笑纳”，客套话，用于请人收下自己的礼物。使用错误。C项，“鼎力”，敬辞，大力(用于请托或表示感谢时)。使用错误。D项，“抛砖引玉”，谦辞，比喻用粗浅的、不成熟的意见引出别人高明的、成熟的意见。此处用于别人，使用错误。

二、填空题

13. (1)天时不如地利
(2)江山代有才人出
(3)择其善者而从之；其不善者而改之
(4)了却君王天下事；赢得生前身后名

三、文言文阅读题

14. B 【解析】B项，肖：贤德。

15. D 【解析】D项，孝文、孝景是谥号。

16. B 【解析】B项，“想要疏远他”理解错误。原文中说“帝有时惭恧变色，感其输情”，意思是武帝有时也因羞惭而变色，但感激他诚心相待。

17.【参考答案】(1)现在探望生病的父母却被加上罪名，违背道义伤害事理(的事情)，没有比这更严重的了。
(2)等做了宰相，很羡慕风流文采。有时谈古论今，人们都是顺着他的意思说，不敢反驳。

四、现代文阅读题

18. A 【解析】B项，“隆重聚会”运用了比拟的修辞手法，不是比喻。C项，作者以“赤着脚上课”和“一大堆七扭八歪、又脏又瘪的鞋”到开会“着正装”的变化来反映社会的进步。D项，“形成幽默的风格”不准确，应是“形成庄重的风格”。

19.【参考答案】(1)从鞋墙联想到中国革命的历史，联想到第一个驻外使馆大使临行前匆忙买一双旧皮鞋上路的情形。(2)想象农村妇女纳鞋的情景和男人们珍惜鞋子的情景等。(3)这些联想与想象，拓宽了思路，丰富了内容，深化了主题。

20.【参考答案】(1)鞋子所象征的艰苦奋斗的精神，所代表的社会进步，所象征的乡愁、亲情、家忆等应永远缅怀，永远传承。
(2)照应题目与开头，使作品结构严谨；揭示作品的主题，表达了作者对万鞋墙的赞美之情。

21.【参考答案】(1)文章的话题较为严肃。因为鞋“要承一身之重，走一生之路，最是苦重，也最易被人忘记”。(2)语言凝重。作者说“脑子里总是转着那些鞋”，举的例子如巴黎公社墙、犹太人的哭墙、烈士人名墙，鞋墙与之一样都容易引起人们的回忆。(3)句式整齐、完整而绵长。如“如巴黎公社墙、犹太人的哭墙，还有国内外经常看到的烈士人名墙，但集鞋为墙，还是第一次见到”“鞋虽踩在脚下，不像帽子风光，却要承一身之重，走一生之路，最是苦重，也最易被人忘记”。

五、诗词鉴赏题

22.【参考答案】(1)C 【解析】C项，“天快放晴之时”错，“快晴”意为爽朗的晴天。
(2)全诗以“寻春”一词统领全篇。分析：①首联写寻春之路和寻春所闻。诗人踏着雪后的泥泞去寻春，并从听觉角度写春天的鸟鸣声，表现了春天的勃勃生机；②颔联、颈联写寻春所见。堕梅残雪、杨柳染黄、白云如絮、落日如规，从视觉角度展现了初春景象的多姿多彩；③尾联写寻春所感。“怜”字表达了诗人对春天的喜爱，尾句描绘诗人斜倚横桥，沉醉于春景的形象，寄托了爱春惜春之情。

六、作文题

23.【例文】

没有简单的成功

喜欢打牌的人，大概都会同意“成功的人生并不在于握有一手好牌，而在于把一手坏牌打好”这句话。

人在失败的时候，很容易自怨自艾，悲叹自己的能力不如别人。要是长期处在逆境的话，恐怕更要怨天尤人，或者会认定自己一无是处。

天生我材必有用。成功之道，首先在于认识自己。我们且看一段平凡人的自述：

“我没有任何专长，每一方面都属于中间水准。有的比水准稍高，有的比水准稍低。譬如体能方面，我跑得不快，游泳也勉强；骑马比较内行，但是离赛马的技术还很远。我的眼力很差，射击往往落空。因此在体能方面，我只是泛泛之辈。在文艺方面，亦复如此。我这一生虽然写过不少东西，但是每一篇文章都得涂涂改改，苦不堪言。”

这样的一个人并不稀奇，但他究竟是谁呢？他居然是连任四届美国总统的罗斯福。

罗斯福的自知之明，当然不只是上述两方面。他还知道自己擅长处理公众事务，喜欢组织与领导。他成功的关键在于他善于训练自己的能力,使其充分发展。成功决不能依赖星座的运势,而必须由日日勤奋所迸现的火花,积燃成炬,闪耀光辉。

一九三二年奥运会的英雄之一,美国女运动员迪德里克森,她独得八十米跨栏与标枪双料冠军、跳高亚军。奥运会后,她转习高尔夫球,不出数年即勇夺美国与英国两项业余大赛的冠军。许多人在赞叹之余,难免会说:"她真是个天生的运动家,注定要得冠军。"

但是迪德里克森是怎么学习高尔夫球的呢?首先她分析球杆的挥力,研究球速及曲线,直到她认为自己完全了解为止。然后每日练习十二小时,平均每天击出一千球,一直练到握不住球杆为止,这就是她成功的秘诀。这样的人得到冠军,怎可说是上天注定的呢?这是她凭借自己的努力争取来的。

为什么要如此奋斗呢?因为目标值得我们全力以赴,因为光明的远景可能成为现实。居里夫妇在发现镭元素之前,连续四十八次实验都失败了,居里先生颇为泄气。居里夫人说:"纵使再过一百年才能找出这个元素,我只要活着一天,就绝不放弃这个实验。"结果当然是令人振奋的。

明确的目标可以使生命变得单纯,同时使能力集中起来。柔和的阳光透过放大镜的焦距,温度可以立即倍增,甚至点燃木材。人的能力也需要凝聚,需要锤炼。

教师招聘考试中学语文最后冲刺试卷(四)

一、单项选择题

题序	1	2	3	4	5
答案	C	B	A	D	D

1. C 【解析】本题考查字音、字形的辨析。A项,粘(zhān)贴。B项,"云宵"应为"云霄"。D项,睥睨(pìnì),"识事务者"应为"识时务者"。

2. B 【解析】本题考查词语的正确使用。A项,缓和:(局势、气氛等)变和缓。此处使用对象有误,应用"缓慢"。B项,刻骨铭心:刻在骨头上或心上,形容感念很深,永远不忘。C项,神气十足:形容摆出一副自以为高人一等而了不起的样子。此处应用"心满意足"或"心旷神怡"。D项,整顿:使紊乱的变为整齐,使不健全的健全起来(多指组织、纪律、作风等)。此处在说"家务",应用"整理"。

3. A 【解析】本题考查病句的辨析。B项,成分残缺,"实施"缺少宾语中心语,可在"协作"后加上"计划"。C项,偷换主语,第二分句的主语不是"上海上港集团",应在"在短短一年内"前加上"埃里克森"。D项,不合逻辑,"劝阻……戒烟"不合逻辑,可将"戒烟"改为"吸烟"。

4. D 【解析】本题考查词语的辨析。"坦陈"与"坦承",前者意思是坦率地陈述,后者意思是坦白地承认;"场所"与"场合",前者指活动的处所,后者指一定的时间、地点、情况;"必须"与"必需",前者是副词,强调事理的必要性,后者是动词,强调某事物的不可缺少;"必然"与"必定",前者是形容词,强调事理上确定不移的属性,后者是副词,表示判断或推论的确凿或必然。

5. D 【解析】本题考查中国古代文学常识的识记。吴承恩的《西游记》是我国著名的长篇神魔章回小说,是古典文学中最辉煌的神话作品,标志着浪漫主义文学的新高峰。

二、填空题

6. (1)亦余心之所善兮;虽九死其犹未悔
(2)君子博学而日参省乎己
(3)浮光跃金;静影沉璧

三、论述文阅读题

7. B 【解析】B项,"《中国目录学史》……缺点是强立名义"错误,根据原文"因为在他看来,中国目录学虽然源远流长,但……硬要划分时期,区别特点,'强立名义,反觉辞费'"可见,并不是《中国目录学史》强立名义,而是中国一直以来的目录学有"强立名义"的嫌疑,《中国目录学史》是跳出了通常的中国目录学方法创新而作的"主题分述法",根据主题选用合适体制而不强求一律。

8. A 【解析】A项,"需要反思"错误,根据原文"中国目录学史也未尝不可用'断代法'来编写(吕绍虞《中国目录学史稿》即用分期断代法论述),但我们对他敢于学术创新的肯定是无须见仁见智的"可见,作者并非为了指出姚名达的方法需要反思,而是为了说明中国目录学史也可以用"断代法"来书写,这个问题"见仁见智"而已,而作者对姚名达敢于创新的态度则是肯定的。

9. B 【解析】B项,"更能接近历史的本来面貌"错误,原文只说"中国目录学史也未尝不可用'断代法'来编写(吕绍虞《中国目录学史稿》即用分期断代法论述)",但并没有证据表明其比主题分述法"更能接近历史的本来面貌"。

四、文言文阅读题

10. B 【解析】B项,忧:父母的丧事。原文大意为因为母亲过世而离职,翻译为"忧虑"不正确。

11. B 【解析】B项,两个均译为"于是"。A项,分别为介词,给、替;判断动词,当、做。C项,虽同为代词,但前句代人,后句代物。D项,分别是用于谓语和补语间翻译为"得";结构助词"的"。

12. 【参考答案】(1)尚书令沈约,是当时的文坛宗师，每当看到王筠的文章，赞叹吟诵品味，认为自己赶不上他。

(2)王筠性情宽宏敦厚，不因有技艺才能而自视高人一等，而且年轻时就有才华名望，在当时和刘孝绰一起被世人看重。

13.【参考答案】筠有孝性/毁瘠过礼/服阕后/疾废久之/中大通二年/迁司徒左长史。

五、现代文阅读题

14.【参考答案】"美丽的错误"在文章中指"父亲"把《送别》中的"长亭外"误听为"长城外"，以及"我"把"乌秋"误认作"燕子"。这些错误之所以"美丽"，是因为它们与人无害，与世无争，却能带给我们非常深沉的安慰，排解我们远在他乡的孤寂，缓解我们的思乡之苦。

15.【参考答案】作者头脑中有关燕子的名称、形象已经和外婆的歌声、童年的温暖、自己育儿过程中的柔情、孩子成长中的可爱骨肉相连，无从分割也无法纠正，在修正概念的时候那份感情也会受到损伤，令作者不舍。

16.【参考答案】标题是全文的线索，本文围绕"燕子"来行文布局，条理清晰，内容集中。"燕子"是作者情感的载体，寄托了作者对故乡的思念，突出了主题，使文章中心十分明确。

17. BE 【解析】B项，"由此产生了深深的悔意"说法错误，不是"悔意"。E项，"震惊"说法错误，应该是"惊喜"。

六、诗词鉴赏题

18.【参考答案】(1)由实及虚，虚实结合。前两句写眼前实景，同时又是以实代虚之笔，暗引出下文的梦境；后三句则虚写梦中景象，但又是江南水乡景色的真实描述。

(2)皇甫松词中，"梦"中的江南梅熟、夜雨吹笛、驿边人语都充满欢情，表现了词人梦醒之后孤独与惆怅无由消散的情感；李煜词中，"梦"中故园的江水、乐声、飞絮、轻尘和看花人一派生机，表现了词人对故国的思念和现实生活的凄楚之感。

七、作文题

19.【例文】

给善举发"红包"，给爱一份奖励

昨天我们赞美无私奉献，现在我们要歌颂回报和传递爱。无论是溺者、"大眼睛"还是疫情中的中国，都是获得帮助的一方，同时也是回报善意传递爱的一方。面对善意，我们需要接受和回馈；面对爱，我们需要奖励和传递。

回报善良和奖励爱，是为了给"完成时"的善举与爱留下痕迹。善良和爱不应该成为道德枷锁下的囚徒。每逢灾难，多少名人和普通人受到逼捐，甚嚣的舆论和异样的眼光压迫着他们。在大多数的人眼里，为母则刚，能者多劳，科学家就得安贫乐道。可是凭什么？其实并不是善良在功利化，而是人的观念在道德化。我们看到的善意越来越少，而对善意的指责越来越多；我们习惯了收缩和隐藏自己的善意，也习惯了挑剔和非议别人的善意。有人没捐款不是因为他不爱国，可能是他已经用自己的方式为国家做出了贡献。这样想来，那些用自己的方式善良着和用自己的方式爱其他人的人，是不是比道德绑架的人值得尊重呢。

回报善良和奖励爱，是为了让"现在进行时"的善良和爱被看见，被保护，被尊重。对善良和爱的回报能给人们鼓励，也是给人们动力。有一位经济学教授曾经说过，"发红包"就是为了让做好事规范有保障。现在社会上绝大部分的工作都是服务型工作，他们的工作其实也是在为我们做好事。我们假设一下，如果所有的善意都不需要回报，我们就不会存在物质的交换，甚至不需要交流，那我们的社会会变成什么样子？我们还能够正常生存和生活吗？其实不去回报善意，也会有人去做好事，但是回报善良和奖励爱会让更多的人加入这个温暖的群体。

回报善良和奖励爱，是为了给"将来时"的善良与爱埋下种子。回报善良和奖励爱一方面是促进善意和爱的传递，而另一方面则是对孩子潜移默化的教育。都说大人在做，孩子在看。为什么现在有那么多的人会告诉自己的孩子，出门在外留个心眼，别太老实，容易被骗。因为有太多太多的善举都是单方向付出，甚至真诚行善反遭议论的。孩子是真正的未来，当他们从小知道了"投我以木桃，报之以琼瑶"的道理，他们就能学会爱与被爱，当他们的思想境界得到了升华，这个世界才会得到真正的进步。

人是有超越物质的追求的，回报善良和奖励爱，并不是局限于物质回报，一句"谢谢"和一个友善的微笑，对别人来说也是最大的回报和奖励。给善举发"红包"，给爱一份奖励，给人类一个光明的未来！

教师招聘考试中学语文最后冲刺试卷(五)

一、单项选择题

题序	1	2	3	4	5
答案	A	C	D	A	D

1. A 【解析】本题考查字形的辨析。B项，"矮礅礅"应为"矮墩墩"。C项，"美伦美奂"应为"美轮美奂"。D项，"痉孪"应为"痉挛"。

2. C 【解析】本题考查成语的正确运用。A项，与人为善：原指赞助人学好，现多指善意帮助别人。在此不合语境。B项，一饭千金：比喻厚报对自己有恩的人。此处望文生义。C项,丝丝入扣:织绸、布等时,经线都要从扣(筘)齿间穿过,形容每一步都做得十分细腻准确(多指文章、艺术表演等)。D项,荡气回肠:形容文章、乐曲等十分动人。不能用于行为。

3. D 【解析】本题考查病句的辨析。A项,句式杂糅,应改为"根据……的调查"或"本报……的调查显示"。B项,语序不当,"三个月内"应放在"完成"前面。C项,"推动……收益"搭配不当。

4. A 【解析】本题考查词语的辨析。基于:介词,根据。鉴于:①介词,表示以某种情况为前提加以考虑;②连词,用在表示因果关系的复句中前一分句句首,指出后一分句行为的依据、原因或理由。赋予:交给(重大任务、使命等)。付与:交给。赋予的对象是精神层面的,比如赋予某某意义,赋予某某使命。"付与"的对象比较具体,如付与某人等。蔓延:像蔓草一样向周围扩展。漫延:连绵不断。句中是指信息扩散的情形,宜用"蔓延"。

5. D 【解析】本题考查文化常识的辨析。"三皇五帝"指古代传说中的帝王,说法不一,通常称伏羲、燧人、神农为"三皇",黄帝、颛顼、帝喾、尧、舜为"五帝"。

二、填空题

6. (1)月照花林皆似霰
(2)竹喧归浣女
(3)落红不是无情物;化作春泥更护花
(4)万里悲秋常作客;百年多病独登台

7. 《诗经·国风》;《楚辞·离骚》

8. 《孔雀东南飞》;《木兰诗》

三、古诗词鉴赏题

9. 【参考答案】"高木"使用恰当。"木"这一意象含有"落叶"的暗示。寒风阵阵,木叶尽脱的景象,渲染了边地秋天的萧条气氛,表现了友人路途的艰辛,表达了作者的惦念之情。

10. 【参考答案】①《答柳恽》中作者通过描写友人旅途的艰辛,表达了对友人的牵挂及今日一别不知何时再相见的悲伤之情。②《野田黄雀行》中作者通过描写少年捎罗网救鸟的行为,表达了友人落难自己想出手相救而无力援救的愤慨与悲痛。

四、文言文阅读题

11. B 【解析】根据前文中的"出通判越州""知齐州",可知曾巩常任地方官,再结合"偃蹇不偶"可知,引起世人感慨的是曾巩"负才名"却"久外徙",故"久"前应断开,排除A、D两项。"一时后生辈锋出"意为这一时期晚生后辈纷纷涌现,句意、结构均完整,且"视之洎如也"的应是曾巩,故"巩"前应断开。

12. C 【解析】C项,"宋朝的路……府、州"错,宋朝的路相当于现在的省,路下面一级为府、州。

13. C 【解析】C项,"发配了所有聚众为盗的章丘村民"错,原文是说"巩配三十一人……有盗则鸣鼓相援"。

14. 【参考答案】(1)约定的时间到了以后,征税的人想多获得收入,仍然像当初一样向乡民索取赋税。曾巩查明情况后,立刻禁止了这种做法。
(2)曾巩把节减用度作为治理财政的关键,当世谈论治理财政的人,没有人能提出比得上他的见解。

五、现代文阅读题

15. A 【解析】A项,并没有暗示"母亲的亲情敌不过现实的寒酸与残酷",只是表现了生活窘迫,文章也不算含蓄深沉。

16. 【参考答案】(1)"红腰带"是本命年时避灾乞求平安的吉祥物,每12年系一次,象征对美好生活的向往、期盼,也象征着人生的不同阶段。
(2)"布鞋"象征着艰难窘迫的生活现状。当同学们都穿着胶底球鞋时,他只能穿手工缝制的布鞋,这双布鞋给他带来了很大的痛苦。
(3)"汽笛"象征着警醒与启示。在他几近崩溃时,汽笛声让他惊醒,他的精神状态由此发生了巨变。

17. 【参考答案】(1)标题是文章的线索,本文围绕这三个词(事物)来展开故事。"红腰带"是开端,"布鞋"是主体,"汽笛"是升华。(2)高度概括了文章的内容,可以吸引读者的阅读兴趣,给读者一定的阅读提示。(3)有象征意义,暗含主旨。"红腰带"象征对美好生活的向往、期盼,也象征着人生的不同阶段;"布鞋"象征着艰难窘迫的生活现状;"汽笛"象征着遇到挫折时的警醒与启示。

18. 【参考答案】(1)这次赶考让"他"明确了人生目标,那就是不能永远穿着没有后底的破布鞋走路,于是他开始不断奋斗,努力改变生活的状态。(2)这次赶考令"他"获得了独特的生命体验,改变了对待生活的态度,让他面对人生的苦难挫折时不再卑怯、痛苦,不再动摇、辩解,而是充满希望和勇气。

六、案例分析题

19. 【参考答案】本课的教学不同于那种至今尚在流行的精心编制,步步设套,"请君入瓮"式的阅读教学,它构思新颖,浑然一体。
(1)注重学习主体的需要和阅读感受,教师只初拟"教学流程",不预设教学目标及教学重难点(学习目标由学生在课堂上自主确定),不预设线性的师问生答(问题答案由学生讨论后形成基本共识,而不是教师在教案中就规定学生怎么回答)。
(2)整节课以体验性学习为主,学生用自己的心灵去感悟,用自己的观点去判断,用自己的思维去创新,用自己的语言去表达,体现了诗歌鉴赏的基本特点，教师引导学生富有创意地建构文本意义。学生通过多次诵读延长和强化了对文本的体验过程，有利于学生从不同的角度和层面对诗意进行理解和评判。

(3)较好地体现了语文课程的育人功能，将思想教育和审美教育渗透于教学过程之中，使学生“充实精神生活，完善自我人格，提升人生境界”，但又与培养学生的感受力、理解力、审美力的语文学科目标水乳交融。

(4)教师的自我定位比较恰当，发挥了组织者和引导者的作用。教师不再充当全知全能的“权威”角色，而是对话者之一，又作为“平等的首席”，灵活地掌控教学流程，适当利用阅读期待、阅读反思等环节，适时提供背景资料，帮助学生加深理解。

20.【参考答案】(1)《普通高中语文课程标准》(2017年版)指出：“发展独立阅读的能力。灵活运用精读、略读、浏览等阅读方法，从整体上把握文本内容，理清思路，概括要点，理解文本所表达的思想、观点和感情。努力从不同的角度和层面进行阐发、评价和质疑，对文本作出自己的分析判断。”该教师在教学过程中忽视了对课文的阅读教学，侧重于课文承载的内容，即信息，在一定程度上偏离了学习目标。

(2)该教师在教学环节上有重复，如环节(6)(7)，并且在说的环节要求不具体。学生是语文学习的主体，教师是学习活动的组织者和引导者。该教师在教学过程中没有起到良好的引导作用，对课堂的把控不到位。

七、教学设计题

21.【参考设计】

《散步》教学设计

教学目标：

1. 理解文章内容，感受作者字里行间表达的浓厚感情。
2. 品读含义丰富的语句，逐步提高阅读能力特别是品评鉴赏能力。
3. 培养尊老爱幼、珍惜亲情、珍爱生命的情感。

教学过程：

一、新课导入

家是爱的港湾，乍看平平淡淡的生活，往往满溢亲情的浓浆，纵然是一次极平常的散步，也能让人体会到浓浓的亲情。现在就让我们一同走向南方初春的田野！去感受一家祖孙三代的相亲相爱、和和美美！

二、预习与交流

1. 读准下面这些加点字的读音。

散步　熬　咕咕　分歧　霎时　粼粼

2. 理解下面词语的意思。

信服：相信并佩服。

各得其所：指每一个人或事物都得到合适的安顿。

委屈：受到不应该有的指责或待遇，心里难过。

三、合作与探究

(一)整体感知

朗读课文，把握温和、亲切中含着庄重的语气和平稳的语调，声音不宜过高或过低，并思考下列问题。

1. 散步的地点在哪？哪个季节？哪些人物散步？散步时发生了什么？
2. 分歧是怎样产生的？
3. 分歧是怎样解决的？
4. 在解决分歧的过程中，谁做得最好？你可以看出谁的权力最大？
5. 在解决分歧时“我”为什么感到责任重大？
6. 年迈的母亲和年幼的儿子对于“我”和妻子来说，背起来应该很轻松，可为什么我们都走得很慢、很仔细？
7. 这是怎样的一家人？

(二)深层探究

1. 这篇短文为什么大词小用、小题大做？
2. 作者选取“散步”这个生活的一角，以“我”和母亲的关系为主线，逐步展现了一家四口祖孙三代和睦、互敬互爱的关系。那么作者是怎样由小见大，从平凡的事中挖掘出深意的呢？

(三)语言品析

1. 写景的句子

(1)这南方的初春的田野！大块儿小块儿的新绿随意地铺着，有的浓，有的淡；树枝上的嫩芽儿也密了；田里的冬水也咕咕地起着水泡儿……

(2)她的眼睛顺小路望过去：那里有金色的菜花、两行整齐的桑树，尽头一口水波粼粼的鱼塘。

2. 传情的句子(请学生有感情地朗读这些句子，师生适时点评)

(1)母亲本不愿出来的；她老了，身体不好，走远一点儿就觉得累。我说，正因如此，才应该多走走。母亲信服地点点头，便去拿外套。

(2)她现在很听我的话，就像我小时候很听她的话一样。

3. 对称的句式(让学生自己找出来，体会它们的对称美，互相映衬，富有情趣)

(1)有的浓，有的淡。

(2)我和母亲走在前面，我的妻子和儿子走在后面。

(3)前面也是妈妈和儿子，后面也是妈妈和儿子。

(4)我蹲下来，背起了我的母亲，妻子也蹲下来，背起了我们的儿子。

作用：语言精美，两两对称，整齐和谐，互相映衬，富有情趣。

(四)写作技巧

本文采用了哪些写作技巧？有怎样的作用？

明确：以小见大，小题大做，大词小用，一波三折的写法。语言平易朴实却生动活泼，内涵丰富，音韵铿锵。全文无生僻华丽的词语，更无令人费解的句子。不少句子充满着生活的情趣，表现了家庭的幸福和温馨，不少句子言微意远，意在言外，含义丰富。句式的整齐与错杂，语意的对称和反衬，似乎都是信手拈来，于平实中见灵气，在浅易中见哲理。

四、板书设计

散　步

散步路上——环境、情趣

化解分歧——表现亲情

五、拓展延伸

晚饭后，全家人在一起看电视，爷爷奶奶喜欢看戏曲节目，爸爸妈妈喜欢看时事报道，你喜欢看动画片，而遥控器在你的手中，你该怎么办？请写一段200字左右的文字，下节课和同学们分享。

八、语言文字运用题

22.【参考答案】归去来兮！摆脱了官场名利，回归自然的天地，人性也回归了它纯美的一面，种树之中可得出治国之道，忠臣谏疏之中你能窥见为君之要，阿房宫前你能看出历史老人脸上的嘲笑。

23.【参考答案】(1)闹革命夏瑜丢性命，刑场就义清府凶残暴虐。

(2)少长咸集，几俯几仰参悟人生哲理，岂不妙哉？

24.【参考答案】(1)那个不经意的停顿，说明事实本不是这样，可他仍这样说，典型的自欺欺人！两个感叹号，全然不把别人放在眼里，精神上胜利了！

(2)“千万”二字透视着别里科夫恐惧又担忧的心理，“套子”里包裹的是一个害怕新生事物的沙皇旧制的极力维护者的灵魂。

(3)把交易放在首位，可见他对金钱的痴迷，“小乖乖”并不是对女儿亲昵，是交易划算的欣喜，吝啬鬼的形象跃然纸上。

教师招聘考试中学语文最后冲刺试卷(六)

第一部分　客观题

单项选择题

题序	1	2	3	4	5	6	7	8	9	10
答案	A	B	A	D	A	B	B	C	B	B
题序	11	12	13	14	15	16	17	18	19	20
答案	C	C	C	D	C	B	B	D	B	D
题序	21	22	23	24	25	26	27	28	29	30
答案	C	C	B	C	B	D	C	D	B	B
题序	31	32	33	34	35	36	37	38	39	40
答案	B	C	A	A	A	C	C	A	C	C
题序	41	42	43	44	45	46	47	48	49	50
答案	A	B	A	D	C	B	B	C	B	A
题序	51	52	53	54	55	56	57	58	59	60
答案	B	C	B	D	B	A	B	B	A	B

1. A　【解析】本题考查字音的辨析。B项，烟囱(cōng)，踽踽独行(jǔ)。C项，尽快(jǐn)，量体裁衣(liàng)。D项，叨陪鲤对(tāo)，百折不挠(náo)。

2. B　【解析】本题考查现代汉语基础知识的运用。A项，“上头”有两个读音“shàngtou”或“shàngtóu”。B项，“免得”读音为“miǎnde”。C项，“意义”读音为“yìyì”。D项，“虾子”读音为“xiāzǐ”。

3. A　【解析】本题考查现代汉语基础知识的运用。“这”字属于半包围结构，“日”字属于独体结构，“伯”字属于左右结构，“若”字属于上下结构。A项，与题干中的字体结构分别相同。B项，分别属于半包围结构、全包围结构、左右结构、全包围结构。C项，分别属于全包围结构、独体结构、上下结构、上下结构。D项，分别属于独体结构、左右结构、上下结构、独体结构。

4. D　【解析】本题考查字形的辨析。A项，“蹿掇”应为“撺掇”。B项，“惊滔骇浪”应为“惊涛骇浪”。C项，“箭拔弩张”应为“剑拔弩张”。

5. A　【解析】本题考查成语的辨析。A项，不忍卒读：不忍心读完，多形容文章悲惨动人。在句中形容谢济世经历坎坷属于用错对象。B项，应运而生：原指顺应天命而降生，后泛指随着某种形势而产生。C项，人声鼎沸：人群发出的声音像水在锅里沸腾一样，形容人声嘈杂喧闹。D项，死得其所：形容死得有意义、有价值。

6. B　【解析】本题考查现代汉语基础知识的理解。B项，合成词是由两个或两个以上语素构成的词。

7. B　【解析】本题考查文学常识的识记。《包身工》是报告文学。

8. C　【解析】本题考查文学常识的辨析。C项，路遥的《人生》获第二届全国优秀中篇小说奖，获得1991年第三届茅盾文学奖的是他的长篇小说《平凡的世界》。

9. B　【解析】本题考查文学常识的识记。司马迁在《报任安书》中说自己写《史记》的目的是“究天人之际,通古今之变,成一家之言”。

10. B 【解析】本题考查文学的审美属性的辨析。在中国,文学的审美属性被正式确认是在魏晋南北朝时期刘勰的《文心雕龙》中。《文心雕龙》是中国第一部系统的文学理论著作,也是一部理论性批评著作。

11. C 【解析】本题考查《义务教育语文课程标准》(2011年版)总目标的识记。《义务教育语文课程标准》(2011年版)总目标要求:学会汉语拼音。能说普通话。认识3500个左右常用汉字。能正确、工整地书写汉字,并有一定的速度。

12. C 【解析】本题考查课程资源开发与利用的相关内容的识记。学生的家庭生活及日常生活话题属于语文课程资源的范畴。

13. C 【解析】本题考查《普通高中语文课程标准》(2017年版)内容的识记。《普通高中语文课程标准》(2017年版)指出,高中语文课程评价的根本目的在于全面提高学生的语文学科核心素养。

14. D 【解析】本题考查教学评价的内容识记。

15. C 【解析】本题考查文学常识的识记。莎士比亚是英国文学史上最杰出的戏剧家,在世界文学史上有举足轻重的地位。

16. B 【解析】本题考查《红与黑》的相关知识。《红与黑》是法国著名作家司汤达的代表作,这是一部具有强烈政治倾向性的小说。

17. B 【解析】本题考查湖畔派诗人的识记。19世纪,华兹华斯、柯勒律治和骚塞三人曾一同隐居于英国西北部的昆布兰湖区,先后在格拉斯米尔和文德美尔两个湖畔居住,因诗赞美湖光山色,所以有“湖畔派诗人”之称。

18. D 【解析】本题考查文学常识的识记。D项,“玛丝洛娃在法庭上认出了他”有误,应是“他认出了玛丝洛娃”。

19. B 【解析】本题考查短语结构的辨析。“明天”是主语,“是”为判断词,“星期天”是谓语。

20. D 【解析】本题考查普通话的音节拼写规则。普通话中并非所有韵母都可以和所有声母相拼,比如韵头是“i、ü”的韵母可以和声母“j、q、x”,但不能与声母“g、k、h”相拼;韵头是“i”的韵母可以和声母“d、t”相拼,而韵头是“ü”的韵母不可以和声母“d、t”相拼。

21. C 【解析】本题考查病句的辨析。A项,语意重复,“令人”和“堪”重复。B项,不合逻辑,“书店、图书馆”也属于“文化单位”,不能并列在一起,应改为“书店、图书馆及其他文化单位”。D项,成分残缺,可在“旁观者”后加“主张”。

22. C 【解析】本题考查汉字有关概念的识记与辨析。异形词是指在普通话书面语中并存并用的同音(指声母、韵母和声调完全相同)、同义(指理性意义、色彩意义和语法意义完全相同)而书写形式不同的词语。

23. B 【解析】本题考查汉字知识的识记。秦代的统一文字小篆使汉字的笔画和结构得到了定型,奠定了汉字方块形的基础,标志着汉字的统一。这是汉字第一次得到规范。

24. C 【解析】本题考查造字法概念的识记。“视而可识”是说一眼看上去就可以认识大体,“察而见意”是说仔细观察就能发现意义所在。因此这种造字方法是指事。

25. B 【解析】本题考查清代散文流派的识记。桐城派是我国清代文坛上最大的散文流派。

26. D 【解析】本题考查中国古代文学史的识记。A项,欧阳修,江西庐陵(今吉安)人,北宋卓越的文学家、史学家,为唐宋八大家之一。B项,左思,齐国临淄(今山东淄博)人,西晋著名文学家。C项,黄庭坚,洪州分宁(今江西修水)人,北宋著名诗人。D项,陶渊明,东晋诗人、辞赋家、散文家,东晋浔阳柴桑人(今江西九江)。

27. C 【解析】本题考查莎士比亚作品的识记。题干中的这句话出自《雅典的泰门》。

28. D 【解析】本题考查列夫·托尔斯泰作品的识记。《罪与罚》是俄国作家陀思妥耶夫斯基创作的长篇小说。

29. B 【解析】本题考查语言表达连贯的能力。细读题目提供的六个句子,从内容上可以分为两类:对“对话”写作形式的讨论,对“对话”阅读感受的讨论。横线前提出话题“对话”,其后应该是对“对话”这一写作形式进行介绍,所以第一个横线处应填②。①⑤具体讲“对话”这一文学形式的特点。③转折,指出“阅读柏拉图的对话并非易事”,④具体解释并非易事的原因,⑥是结论句,照应“阅读柏拉图的对话并非易事”。故选B。

30. B 【解析】本题考查文学、文化常识的辨析。词牌是一首词词调的名称。词最初是伴曲而唱的,曲子都有一定的旋律、节奏,这些旋律、节奏的总和就是词调。词牌跟词的内容没有关系。

31. B 【解析】本题考查文化常识的辨析。金钗之年指女子十二岁,女子十三四岁是豆蔻年华。

32. C 【解析】本题考查汉字的笔画。A项,“闪”的第一笔是点。B项,“李”的第二笔是竖。D项,“延”的第四笔是竖折。

33. A 【解析】本题考查文学常识的识记。普希金创立了俄国民族文学和文学语言,在诗歌、小说、戏剧乃至童话等文学各个领域都给俄罗斯文学创立了典范。他是19世纪俄国浪漫主义文学主要代表,同时也是现实主义文学的奠基人,现代标准俄语的创始人,被誉为“俄国文学之父”“俄国诗歌的太阳”。

34. A 【解析】本题考查造字法的辨析。人、鱼、口、象、手、丁、山、月、贝、禾、女是象形字;末、下、刃是指事字;步、林是会意字。

35. D 【解析】本题考查《普通高中语文课程标准》(2017年版)有关内容的识记。当代文化参与任务群旨在引导学生关注和参与当代文化生活，学习剖析、评价文化现象，积极参与中国特色社会主义先进文化的传播和交流，增强文化自信。

36. C 【解析】本题考查教学方法的识记。讲授法是教师通过语言(主要是口头语言)向学生系统地传授知识的方法。可分为讲述、讲解、讲演三种方式。讲授法的主要特点是教师讲解，因此它的主要优点是能够充分发挥教师的作用，有利于教师在课堂教学中实施控制，使教师将知识系统连贯地传授给学生。

37. C 【解析】本题考查《普通高中语文课程标准》(2017年版)有关内容的识记。普通高中语文课程结构及学分设置中，必修课程8学分；选择性必修课程6学分；选修课程设计12学分，供学生自由选择。

38. A 【解析】本题考查阅读教学内容的识记。阅读是搜集处理信息、认识世界、发展思维、获得审美体验的重要途径。阅读教学是学生、教师、教科书编者、文本(作者)之间对话的过程，是思维碰撞和心灵交流的动态过程。

39. C 【解析】本题考查新课程教学理念的辨析。

40. C 【解析】本题考查中国古代文学史的识记。题干中的诗句出自贾岛的《题诗后》。

41. A 【解析】本题考查外国文学的识记。题干中的话出自《安娜·卡列尼娜》。

42. B 【解析】本题考查朗读节奏的划分。B项，“谋”，打算；“动”，发动；“干戈”，指战争；“动干戈”意思是发动战争，中间不能断开；“于邦内”是在国家内。句意为而想要在国家内发动战争，所以正确的停顿应为“而/谋/动干戈/于邦内”。

43. A 【解析】本题考查古代汉语实词的辨析。A项，形容词作动词，照明。B项，形容词作名词，圣人。C项，形容词作名词，深度。D项，形容词作名词，险远的地方。

44. D 【解析】本题考查古代汉语特殊句式的辨析。A项，均为被动句。B项，均为定语后置句。C项，均为判断句。D项，第一句为状语后置句，第二句为省略句。

45. C 【解析】本题考查古代汉语实词的辨析。例句与C项都译为“抄小路”。A项，译为“间或，有时”。B项，译为“机会”。D项，译为“参与”。

46. B 【解析】本题考查古代汉语特殊句式的辨析。A项是无标志被动句。C项是“为”引起的被动句。D项是“见”引起的被动句。

47. B 【解析】本题考查古代汉语词类活用的辨析。A项，栗：使……战栗；惊：使……震惊。B项，襟：意动用法，以……为襟；带：意动用法，以……为带。C项，下：使……放下。D项，转：使……转动。

48. C 【解析】本题考查古代汉语实词、虚词的辨析。C项，知识：指认识的人。

49. B 【解析】本题考查古代汉语古今异义词语的辨析。“道”的本义是“道路”，后引申出“方法”“道德”“天理”的含义。

50. A 【解析】本题考查文学常识的识记。刘勰在《文心雕龙·体性》中提出了文学风格的八体说：“若总其归途，则数穷八体：一曰典雅，二曰远奥，三曰精约，四曰显附，五曰繁缛，六曰壮丽，七曰新奇，八曰轻靡。”

51. B 【解析】本题考查文学常识的识记。“教学相长”出自《礼记·学记》，原文为：“是故学然后知不足，教然后知困。知不足，然后能自反也；知困，然后能自强也。故曰：教学相长也。”这个词的意思是教和学两方面互相影响和促进，使两者都得到提高。

52. C 【解析】本题考查文学常识的识记。“建安七子”又号“邺中七子”，是指东汉末年汉献帝年间的七位文学家，包括：孔融、陈琳、王粲、徐幹、阮瑀、应玚、刘桢。其中被刘勰称为“七子之冠冕”的是王粲。

53. B 【解析】本题考查文学常识的识记。南齐永明年间，“声律说”盛行，诗歌创作都注意音调和谐。这样，“永明体”的新诗体逐渐形成，这种新诗体是格律诗产生的开端。这时期比较著名的诗人是谢朓。

54. D 【解析】本题考查中国古代文学常识的识记。元末明初，南戏出现了《荆钗记》《白兔记》(又称《刘知远》)《拜月亭记》《杀狗记》，简称“荆、刘、拜、杀”，人称“四大本”“四大记”。由于南戏发展到元末，形式上已经比较成熟、稳定，这就形成了新的戏曲形式——传奇。所以“荆、刘、拜、杀”实际上是早期传奇作品，于是又合称“四大传奇”。

55. B 【解析】本题考查古代汉语相关知识的辨析。B项，在古汉语中，当“之”后面的一个词是名词或名词性短语时，“之”作结构助词“的”。

56. A 【解析】本题考查文学常识的辨析。《楚辞》和《诗经》的用韵并非完全不同。

57. B 【解析】本题考查年龄称谓的辨析。束发一般是15岁左右，而立指的是30岁，垂髫是三四岁至八九岁的儿童，总角指的是八九岁到十三四岁的少年，期颐指的是100岁，弱冠指的是男子20岁，耄耋指的是八九十岁，不惑指的是40岁，花甲指的是60岁，豆蔻指的是女子十三四岁。故选B。

58. B 【解析】本题考查中国古代文学常识的识记。《杨修之死》选自《三国演义》。

59. A 【解析】本题考查中国古代文学常识的识记。A项，《左传》以年代为线索编排有关历史事件，为编年体。C项，《史记》以记叙人物活动反映历史事件，为纪传体。B、D两项，《国语》《战国策》以国家为单位分别记叙历史,为国别体。

60. B 【解析】本题考查《变色龙》相关知识的识记。

第二部分 主观题

一、简答题

1.《普通高中语文课程标准》(2017年版)规定的语文学科四大核心素养之间的关系是怎样的?

【参考答案】语文学科核心素养的四个方面是一个整体。语言是重要的交际工具,也是重要的思维工具;语言的发展与思维的发展相互依存,相辅相成。语言文字是文化的载体,又是文化的重要组成部分;学习语言文字的过程也是文化获得的过程。语言文字作品是人类重要的审美对象,语文学习也是学生审美能力和审美品质发展的重要途径。语言建构与运用是语文学科核心素养的基础,在语文课程中,学生的思维发展与提升、审美鉴赏与创造、文化传承与理解,都是以语言的建构与运用为基础,并在学生个体言语经验发展过程中得以实现的。

2.《义务教育语文课程标准》(2011年版)提出:九年义务教育阶段的语文课程,必须面向全体学生,使学生获得基本的语文素养。试简述《义务教育语文课程标准》(2011年版)中的语文素养与我们传统所说的语文能力有什么不同?

【参考答案】语文素养包括激发和培育学生热爱祖国语文的思想感情,引导学生丰富语言积累,培养语感,发展思维,初步掌握学习语文的基本方法,养成良好的学习习惯,具有适应实际生活需要的识字写字能力、阅读能力、写作能力、口语交际能力,正确运用祖国语言文字。还应通过优秀文化的熏陶感染,促进学生和谐发展,使他们提高思想道德修养和审美情趣,逐步形成良好的个性和健全的人格。而语文能力仅指识字写字能力、阅读能力、写作能力、口语交际能力。

二、案例分析题

【参考答案】这个案例说明教师一定要具备课堂开发的意识与能力,善于把握和调控课堂气氛,增加课本知识容量和密度,在课堂教学中创设诱人的情境。从而让语文教学走向生活,走向实践,走向智慧。孔子曰:“知之者,不如好之者;好之者,不如乐之者。”可见,爱好和兴趣以及生活经验在学习活动中是非常重要的,往往可以收到事半功倍的效果。因此,教师要善于激发学生的学习兴趣,调动学生的生活体验。语文老师在课堂教学中要能化“压力”为“魅力”,让学生喜欢你教的东西,学生学习语文的消极心理就可逐渐消除,而走向积极。只有具备了这种意识与能力,以往那些被我们忽视的生活场景与生活体验,才会被拿来当作语文教学的材料,从而为语文教学开辟出一片新天地。

语文学习既是一种学生个性化的活动,也是一种学生创造性的活动。因此,教师要善于把教学目标转化为学生的需求,因为学生是学习的主体,离开了主体的积极性和主动性,效果当然不会很理想。作为教师不仅要珍惜学生的感悟、体验,更要保护他们的智慧火花。这样有利于开发学生的创造性潜能。认真备课,把握重难点,完成教学任务固然很重要,但更重要的是把语文教“活”,让学生学得聪明一点、灵气一点,让学生获得的各项语文能力、语文知识,在综合实践中整合起来,并加以积淀,成为一种综合素养。这才是语文学习的灵魂。如果教师死守教案,那么再好的教案也会成为束缚教学的桎梏。活生生的学生也会变成课本的奴隶。课堂灵活、开放一些,反而更能充分发挥教师的引导作用,更能活跃思维,激发学生学习的积极性,收到意想不到的效果。

三、古诗文阅读题

1.【参考答案】(1)D 【解析】D项,辜:罪。

(2)B 【解析】B项,“上报朝廷”属无中生有。

(3)①各部门催缴拖欠的赋税像雷鸣电闪一般急迫,差吏几乎都逃窜藏匿了,前任县令因政绩不佳而离职。

②即使有连年不能裁决的案件,(经子良审查)一下子是非对错都清楚了。

(4)管理江西酒库时多余的钱全部上交;在台州任上,凡是按照惯例他应该享有的也都谢绝。

2.【参考答案】(1)上片字面上的意思是,城里的春天景色即将逝去,没什么好景致,到城外游咏之地寻美景吧;而那里,景致确实很好,就像世外桃源一般。其实作者也并非只是因为城里的景色迟暮才要离去的,而是因为作者对城市的生活已没什么兴趣,想离开城市,到山林原野之间去,那里远比表面繁华的城市生活来得好。这表明了范仲淹对官场生活已经厌倦,对表面稳固的朝廷存在着反感,想离开朝廷,离开官场,寻找他途,退隐归田,过陶渊明式的生活。

(2)相同之处:两篇作品都表达了被贬之后的乐观旷达之情。本词作者借百花洲上“寻芳”“聊逸豫”,认为功名得失自有定数,可见其乐观旷达;《岳阳楼记》中,作者借描写岳阳楼的景色表达了“不以物喜,不以己悲”的旷达情怀。

不同之处:《岳阳楼记》是借作记之机,规劝朋友的同时,表达自己“不以物喜,不以己悲”“先天下之忧而忧,后天下之乐而乐”的济世情怀和乐观精神,作者被贬之后虽有失落,但兼济天下的积极思想占主导,鼓励自己和朋友向古仁人看齐。本词是借游百花洲之事来抒发自己矛盾的心情,豁达中有及时行乐、渴望退隐的情绪。在这里,作者兼济天下的思想不再那么坚定,而是借“聊逸豫”“归时数”来安慰自己,获得精神上的解脱。

四、教学设计题

【参考设计】

《狼》教学设计

一、教学目标

1. 正确流利地朗读课文，理解文章大意，积累文言词汇；体会作者的写作意图。

2. 借助注释和工具书，学会文白对译；利用网络资源拓宽视野，丰富积累。

3. 培养用智慧同敌人作斗争的意识，正确认识人和动物的关系。

二、教学重难点

1. 教学重点：理解文章大意，积累文言词汇；体会作者的写作意图。

2. 教学难点：正确认识人和动物的关系。

三、教学过程

1. 补充对联，激趣导入

(1)请学生说出对联"写鬼写妖高人一等"的下联，激发兴趣，自然引入新课的学习。

(2)学生简介蒲松龄及《聊斋志异》。

2. 整体感知，疏通文意

(1)朗读课文，读准字音。

①点名朗读。其他同学标记读音。

②纠正字音，学生自由读，要求读准字音。

③全班齐读。

(2)疏通文意，再次感悟。

①学生充分利用注释与已有的文言知识自主疏通文意。个人无法解决的，做好标记。

②由小组合作解疑交流，最后解决不了的问题全班交流，教师作适当提示。

③教师检查几个难度稍大的句子的翻译。

3. 再读课文，梳理情节

(1)本文写了一个什么故事?(用一句话概括)

(方法点拨：①用"什么人在什么地方做什么事，结果怎么样"的形式来说。②可以从人的角度来概括，也可以从狼的角度来概括。)

(2)用最简练的词语概括小说的四个情节。

(方法点拨：①抓住前四个段落来概括。②学会使用最合适的词语。)

(3)创造性的复述课文。

①教师示范第一段的复述。

②学生小组合作完成各自的任务。

③小组接龙展示表演。

(方法点拨：①可用不同的叙述方式。②可用不同的人称。③可加入合理的想象。)

4. 品读课文，分析人物

(1)读了这个故事，你认为狼有什么特点？请用两个字或词概括，并从文中找出依据。

明确：狡猾、贪婪(黠、贪)。

(2)狼是如此的狡猾，为什么还是命赴黄泉？从文中找出依据。

明确：因为屠户聪明、机智(智、勇)。

(在这一环节，要引导学生做好两件事：①抓住最具表现力的词语，如：暇甚、暴起、盖、乃悟等。反复朗读品味。②从文中找出关键性的词语句子理解课文，做到言之有据。)

5. 赏析结尾，明确主旨

(1)从文章来看，作者对狼的态度是很鲜明的，文中的哪一个字可以看出来？

("笑"字。)

(2)"笑"谁？仅仅笑狼吗?"笑"什么？

(方法指导：①联系课前导入的对联，介绍《聊斋志异》的相关内容，如《梦狼》等，以引导学生了解其借狼讽人的写法。②反复朗读最后一段文字，抓住"几何、止、笑、耳"等词，读出语气。)

(3)读了这篇文章，你得到什么启示？

6. 课堂小结，布置作业

在蒲松龄的笔下，狼是如此的狡诈，凶恶，但是随着时代的发展，人们对狼的了解也更全面，更客观。它们的团结，野性，激情，智慧都深得人类的赞赏。在这个物竞天择，适者生存的环境里，它固然有其存在的自然属性。但作为万物灵长的人类，我们是否应该多关注一下它们的生存环境，与之和谐共处呢？

作业：①将今天所学的实词归类整理。②课后查找有关狼的资料，阅读现代女作家毕淑敏的散文《母狼的智慧》《母爱的较量》。以"我眼中的狼"为题，写一篇关于狼的短文。③阅读《聊斋志异》中《狼三则》的另外两则，与朋友家人分享。

7. 板书设计

狼

蒲松龄

遇狼　狼：缀行——狡

惧狼 { 屠：投骨——惧
狼：并驱如故——贪

御狼　屠：倚薪、弛担持刀——智

杀狼 { 前狼：犬坐于前
后狼：径去、洞其中——黠
屠：暴起、刀劈——勇敢

教师招聘考试中学语文最后冲刺试卷(七)

一、单项选择题

题序	1	2	3	4	5	6	7	8	9	10
答案	B	A	B	C	B	B	C	B	D	D

1. B 【解析】本题考查字音的辨析。A项，加点字的读音分别为：gǔ/gǔ，qì/qī，bèi/bèi，chì/chì。B项，加点字的读音分别为：jī/jī，fú/fú，hé/hé，jiān/jiān。C项，加点字的读音分别为：jié/jié，juān/

juàn，qiè/qiè，zhì/zhì。D项，加点字的读音分别为：mái/mán，cháng/cháng，zhēn/zhēn，xiān/xiān。

2. A 【解析】本题考查词语的理解和运用。A项，莘莘学子：指众多的学生。不能指一个学生，用在此处不合适。B项，举世无双：指全世界没有第二个，形容最优秀或极稀有。C项，孤军奋战：孤立无援的军队单独对敌作战。也比喻一个人或一个集体在无人支援、帮助的情况下努力从事某项斗争。D项，沥尽心血：比喻付出了全部精力。

3. B 【解析】本题考查病句的辨析。A项，"诺贝尔文学奖"主语统摄两个分句，故关联词语"不仅"应置于其后。C项，句式杂糅，应改为"围绕着现代人和古老文物之间的互动这一核心命题"或"以现代人和古老文物之间的互动为核心命题"。D项，成分残缺，"遏制"后面加"手段"。

4. C 【解析】本题考查作家作品的识记。C项，《白雨斋词话》是清朝陈廷焯的作品。

5. B 【解析】本题考查标点符号的运用。B项，"十二、三"是表示约数，中间不能用顿号。

6. B 【解析】本题考查句子连贯的运用。这段文字是说中华民族的构成演变，后文说"在这个大家庭中"，"这个"是指示代词，指代的内容在上文应该已经出现过，与之衔接的应是"共同组成中华民族大家庭"，排除A、D两项。再看前文，横线前面说"中华民族就是一例"，C项先表述"每个民族都有自己的发展历史"与"中华民族就是一例"衔接不当，故应先有56个民族，再说每个民族，这样表述才连贯。故选B。

7. C 【解析】本题考查文学常识的识记和理解。C项，乐府最初始于秦代，到汉时沿用了秦时的名称。

8. B 【解析】本题考查成语典故的识记。"爱屋及乌"出自《尚书大传·大战》："爱人者，兼其屋上之乌。"

9. D 【解析】本题考查修辞手法的运用。A项，"红巾翠袖"是女子装饰，代指女子。B项，"青铜"代铜镜。C项，"长安"代指朝廷。D项，"明镜"比喻平静的水面。

10. D 【解析】本题考查《义务教育语文课程标准》(2011年版)的内容。《义务教育语文课程标准》(2011年版)"第四学段"(7～9年级)中关于写作的目标与内容有："写作要有真情实感，力求表达自己对自然、社会、人生的感受、体验和思考。""能根据文章的基本内容和自己的合理想象，进行扩写；能变换文章的文体或表达方式等，进行改写。""写作时考虑不同的目的和对象。根据表达的需要，围绕表达中心，选择恰当的表达方式。合理安排内容的先后和详略，条理清楚地表达自己的意思。运用联想和想象，丰富表达的内容。正确使用常用的标点符号。"

二、填空题

11. (1)锲而不舍；金石可镂
    (2)海日生残夜；江春入旧年
    (3)金戈铁马；气吞万里如虎

12. 唐；捕蛇者说

13. 语文素养；终身学习

三、简答题

14. 简述关汉卿杂剧的艺术特点。

    【参考答案】(1)关汉卿的杂剧在内容上具有高度的现实性和强烈的反抗精神。其题材广泛，形式多样，大多反映现实，对社会生活的描写广阔且真实具体，深刻地揭示出社会各方面的矛盾，对官场黑暗进行了无情揭露，对不幸者寄予了深厚同情，热情讴歌了人民的反抗斗争。慷慨悲歌，乐观奋争，具有高度的思想性与艺术性。

    (2)关汉卿杂剧剧本能根据主题而剪裁取舍，情节安排紧凑，布局引人入胜，主线清晰，节奏紧凑，不全采用大团圆结局的惯例。

    (3)关汉卿塑造的人物个性鲜明，有血有肉，如窦娥等人物形象栩栩如生。

    (4)关汉卿善于驾驭语言，语言风格与题材互相配合，吸收民间文学的土语方言以及古典诗词的鲜活字词，并加以提炼。既恰如其分地反映出剧中人物的身份性格，又善于通过烘托渲染充分展现元剧的"本色"。

15. 简述郭沫若的诗集《女神》的文学成就。

    【参考答案】(1)在思想内容上，《女神》体现了"五四"时代精神。它彻底反帝反封建和反抗一切旧势力的革命精神，对光明的向往等，体现了"五四"狂飙突进的时代精神。

    (2)在艺术上，《女神》是中国浪漫主义新诗的开山之作，开拓和形成了浪漫主义新诗流派。《女神》以鲜明的浪漫主义独树一帜。它强烈的感情、唯美的艺术形象等，对当时和后来的浪漫主义诗人产生重要影响。

    (3)在诗歌形式上，《女神》是自由体诗的一个高峰，为诗歌的革新和创造树立了榜样。它完全冲破了旧诗格律的束缚。诗节、诗行长短无定，韵律无固定格式。

16. 简述《普通高中语文课程标准》(2017年版)"学习任务群5：文学阅读与写作"的学习目标与内容。

    【参考答案】(1)精读古今中外优秀的文学作品，感受作品中的艺术形象，理解欣赏作品的语言表达，把握作品的内涵，理解作者的创作意图。结合自己的生活经验和阅读写作经历，发挥想象，加深对作品的理解，力求有自己的发现。

    (2)根据诗歌、散文、小说、剧本不同的艺术表现方式，从语言、构思、形象、意蕴、情感等多个角度欣赏作品，获得审美体验，认识作品的美学价值，发现作者独特的艺术创造。

(3)结合所阅读的作品，了解诗歌、散文、小说、剧本写作的一般规律。捕捉创作灵感，用自己喜欢的文体样式和表达方式写作，与同学交流写作体会。尝试续写或改写文学作品。

(4)养成写读书提要和笔记的习惯。根据需要，可选用杂感、随笔、评论、研究论文等方式，写出自己的阅读感受和见解，与他人分享，积累、丰富、提升文学鉴赏经验。

四、鉴赏题

17.【参考答案】(1)瑞珏：觉新的妻子，她善良、厚道、柔情，作为高家的长孙媳，为了丈夫，只能在这个家中和觉新一起维护着封建礼教的权威，最后难产而死。

(2)梅芬：高家的亲戚，在对觉新的爱情上失利后，就变得沉沦乏志，没有了反抗精神，温顺驯良地吞咽着旧礼教的恶果。

(3)鸣凤：高家的一个小丫鬟，心灵纯洁，柔中带刚，卑微地爱着觉慧，脸上的表情总是顺受的，毫无抱怨的，她似乎接受了一切，但在得知自己要被送给冯乐山做小老婆之后，以死向封建礼教发出了强烈的抗议。

18.【参考答案】(1)颈联主要从侧面来描写江涨之景。借助高鸟发愁、老龙受困，从侧面突出江水上涨后江面变阔以及江水激荡高涌之势。

(2)本诗表现的情感有寄迹天涯之愁，更有与友人同观江涨之景的舒畅。身在“天边”，客居他乡，面对壮阔、雄伟的奇景，作者心胸豁然开朗，心情变得愉悦；远离京城有朋友相伴共赏壮景，倍感欣慰。

19.【参考答案】(1)追溯身世以示其高贵与清白，与下文的曲折人生形成鲜明对比。

(2)开篇就交代了诗人的“内美”，这实际上蕴含了楚国民族精神，是楚国精神的内化。

(3)熔铸神话传说，定下全篇浪漫主义基调。

(4)发展了《诗经》的比兴手法，把物的某些特质与人的思想感情、人格和理想结合起来，使物具有象征的意味，使情具有寄托。

五、案例分析题

20.【参考答案】新课标下的教学设计注重生成与建构，淡化预设与讲授。课堂教学要从学生的疑问入手，体现以学定教，因需施教。在上述教学片段中，该教师引导学生提问，让学生自由质疑，这是比传统课堂进步的地方。但该教师没有指导学生对所提的问题进行归类筛选，也没有提供学生思考和解决问题的策略，只是按部就班地把学生引入自己预先设计的教学环节，学生思维的空间与自主探究的积极性显然受到了限制。这样的质疑，不过是展示“自主学习”的一张标签而已。如果教师总是让学生解决预先准备的问题，即使问题是学生学习的难点，学生解决问题时也会索然无味。实际上，学生的问题往往有一定的普遍性，和课文的重点和难点有着必然的联系，如果教师作适当调整梳理，让自己的设计意图融进学生的思维，学生的自主性会在师生对话中得到更有效的发挥。很多时候，教师为了在有限的时间内完成教学任务，为学生预设了很多问题，使得课堂气氛活跃，学生都能积极参与到教学活动之中，但对程度好的学生来说，无效参与者居多。因此，要使课堂高效，学生的“自主”一定要与教师的“主导”有机结合。

21.【参考答案】以上教学实录片段属于该教师教学散文《木假山记》的导入环节。这里所展示的关于苏洵的资料，为文本教学提供了重要的背景信息，有助于接下来对文本的理解和把握。在这段教学实录当中，不是教师找好了大段的资料给学生，而是学生课下自发搜集到了对了解作者、学习文本有参考价值的资料，教师处理很巧妙。对该生的做法，教师及时予以鼓励，“你真是一个善于学习的学生”，不仅调动了学生的学习积极性，也为学生开展自主学习提供了榜样。

六、技能应用题

22.【参考答案】(1)教学目标：

①正确、流利、有感情地朗读课文，感知课文内容，把握作者的思想感情。

②通过朗读，揣摩、品味文章的语言特色。

③培养热爱故土、热爱祖国的情感。

(2)导入语：

有一部电影叫《未来水世界》，主要情节是陆地被海水淹没后人们为寻找陆地而展开的斗争。影片中给人印象最深的是人们对陆地的向往。是啊，面对生我们养我们的故土，我们怎能不为之动容。然而，“九一八”事变之后，当日本侵略者的铁蹄践踏着祖国东北大地的时候，无数的东北同胞被迫背井离乡，远离故土家园。试想，他们是怀着怎样的家仇国恨与思念之情？今天，我们就一起来感受一下东北同胞当时的心情。

(3)问题：本篇课文总共只有两段，这两段在内容和结构上有何异同？

答案解析：①相同点：A.手法相同，都是先直接抒发对故乡的思念之情，然后回忆，最后再直接抒情。B.内容上：都有对故乡的回忆和描述。

②不同点：回忆中选取的景物不同。前者选取东北所特有的物产，并采用景物的叠加，是为了展现东北大地的丰饶美丽。表达作者对故乡的激情赞美和深情怀念。运用排比，则加强了对读者的情感冲击力。后者选取了春秋两季的景物，同样表现了东北大地的丰饶美丽，但没有采用排比，情感也没有前者来得炽热。虽然也表达了作

者对故乡的深切怀念,但怀念中却暗含着忧伤与愤怒。由此,情感才能在后半段得以强烈的喷发,面对土地发出自己的誓言。

教师招聘考试中学语文最后冲刺试卷(八)

一、单项选择题

题序	1	2	3	4	5	6
答案	C	D	C	D	D	B

1. C 【解析】本题考查字音的辨析。A项,拽砖头(zhuāi)。B项,盛筵难再(yán)。D项,狡黠(xiá)。
2. D 【解析】本题考查词语的理解和运用。滋养:①供给养分,补养;②养分、养料。滋润:①含水分多,不干燥;②增添水分,使不干枯。"滋养"一般做拟人的修辞,第一空用"滋养"比较好。创作风格一般形式多样,"绚丽多彩"多用于形容色彩,故第二空选"多姿多彩"。"顽固"程度重,更能体现故乡的味道在人脑海中根深蒂固。框定:限定(在一定的范围内)。锁定:①使固定不动;②紧紧跟定。此处用锁定,强调难以摆脱。故选D。
3. C 【解析】本题考查修辞手法的运用。C项,运用了拟人的修辞手法。A、B、D三项均运用了通感的修辞手法。
4. D 【解析】本题考查句子衔接的运用。由语段上半句"葫芦"可以判断出紧跟下句为③,介绍了"葫芦"情况。⑤句首的"它"代指葫芦,应接③后,④⑥介绍葫芦的使用,①介绍使用葫芦的历史,②是对整个语段进行总结。故选D。
5. D 【解析】本题考查作家作品的识记。D项,《挪威的森林》是村上春树的作品。
6. B 【解析】本题考查《普通高中语文课程标准》(2017年版)的内容。《普通高中语文课程标准》(2017年版)课程结构中指出:"中华优秀传统文化、革命文化和社会主义先进文化方面的内容始终贯串必修、选择性必修、选修。"

二、填空题

7. (1)望中犹记;佛狸祠下
   (2)青冥浩荡不见底;霓为衣兮风为马
   (3)金就砺则利;则知明而行无过矣
8. 伊利昂纪;奥德修纪
9. 价值取向;学习体验

三、简答题

10. 简述谢灵运山水诗的艺术成就。

【参考答案】谢灵运是诗歌史上第一位有成就的山水诗人。

(1)谢灵运创造了一种山水诗的结构模式。如《石壁精舍还湖中作》,先叙述登游缘起或路线,接着具体描写局部景物,最后议论或感慨。

(2)局部景物描写中,通过细腻的观察与把握和非常具体的画面,表现出某一景观的情思韵味,朝着景物与情思交融的方向发展。如《登池上楼》"池塘生春草,园柳变鸣禽"传达出诗人心中一种难以言喻的对生命的惊喜。

(3)对山水景物的声、光、色都有生动的描绘,他能注意到诗中描写画面的色彩和谐与明暗对比。

11. 郁达夫的创作有何特点?

【参考答案】(1)自我的写真:作品以自我为原型,浸透作者本人强烈的主观色彩,从《沉沦》到《春风沉醉的晚上》《茫茫夜》《迟桂花》,都能看到作者本身的影子,这就是"零余者"的文学形象。而"零余者"的形象又绝不能简单地看作是作者个人的写真、自传或回忆录,他是五四时期一群沾染了时代病,因为彷徨、苦闷、找不到出路的青年们的典型。

(2)感伤的抒情:郁达夫的小说总是弥漫着感伤的味道,《沉沦》《春风沉醉的晚上》《茫茫夜》中的主人公或多或少都沾上了感伤的特点。这是郁达夫小说重感情的表现,而他特别钟爱忧伤情绪,因此他的小说以感伤抒情为艺术中轴,通常没有完整的故事情节,更不注重情节的曲折、紧张,而偏向于主人公感伤、悲观、厌世颓废心境的抒发、暴露和宣泄。

(3)结构的散文化:郁达夫小说以抒情为中轴而不重视情节的营造,也就造成了其小说散文化的倾向。除了写实风格较明显的《春风沉醉的晚上》《出奔》等少数几篇外,无论是《沉沦》《南迁》,还是《还乡记》等,几乎都没有完整的情节。郁达夫小说不受叙事小说结构的束缚,完全以情绪为中轴,更便于作者抒情,造成了其小说抒情化的特点。

(4)流丽、清新的文笔:郁达夫的用笔与其主观色彩、抒情倾向相结合,清丽、流畅、自然、真挚。作品中对景色的描写,都显出清、细、真的特点,如《沉沦》中异国的苍穹皓月,《迟桂花》中满山桂花的馥郁香气等。

12. 简述选择性必修和选修课程学习要求。

【参考答案】(1)学习多角度、多层次地阅读,对优秀作品能够常读常新,获得新的体验和发现。借助工具书、图书馆和网络查找有关资料,加深对作品的理解。选择性必修阶段各类文本的阅读总量不低于150万字。在阅读鉴赏中,了解诗歌、散文、小说、戏剧等文学体裁的基本特征及主要表现手法,了解相关的中国古代文化常识,丰富传统文化积累,汲取思想、情感和艺术的营养，培养健康高尚的审美情趣，丰富、深化对历史、社会和人生的认识。

(2)选读古今中外文化论著，在整体了解论著内容的基础上，把握论著的主要观点和基本倾向，了解用以支撑观点的关键材料，拓宽文化视野和思维空间，提高文化修养。以发展的眼光和开放的心态看待传统文化和外来文化，关注当代文化生活，能通过多种途径开展文化专题研讨。学会尊重、理解作品所体现的不同时代、不同民族、不同流派风格的文化，尝试对感兴趣的古今中外文学作品进行比较研究或专题研究，理解作品所表现出来的价值判断和审美取向，作出恰当的评价。

(3)注意在生活和跨学科的学习中学语文、用语文，在学习和运用的过程中提高表达、交流能力。能综合运用在语文与其他学科中获得的知识、能力和方法，运用多种方式展开交流和讨论。留心观察社会生活，丰富人生体验，有意识地积累写作素材，广泛搜集资料，根据表达需要和体裁要求，尝试多种文本的写作，相互交流。在实践活动中增强口头应用的能力，能根据交际的需要，选择恰当的时机和场合，提出话题，敏捷应对，注意表达效果。参加演讲与辩论，学习主持集会、演出等活动。

(4)了解语言文字法规的有关内容，增强规范意识，学会辨析和纠正错误，提高语言文字运用的正确性和有效性。掌握学习语文的基本方法，学会灵活运用合适的方法解决语言文字运用中的问题。根据自己的特点，借鉴经验，适时总结，逐步形成富有个性的语文学习方式。

四、鉴赏题

13.**【参考答案】**(1)①让:责备。

②难:难倒。

③坐:入罪，定罪。

④张:设置，部署。

(2)①假使赵国不用赵括做大将也就罢了，假如一定要任用他做大将，那么使赵军失败的就一定是赵括了。

②秦王听说赵军粮道被切断，亲自到黄河以北征发十五岁以上的男子全部调往长平。

(3)①赵括缺乏实践，对战争的残酷估计不足。②赵括不能礼贤下士，急于追求功名利禄。③赵括用人轻率，贸然出击。

14.**【参考答案】**全诗由情入景，最后以景结情。其中“春”“江”“花”“月”“夜”运用了“发生法”使其出现，又用“消归法”使其消失。月光是一条贯穿性的线索，由它将哲理性思索，将思妇、游子紧紧联系起来，形成了一个情、景、理有机统一的完整境界。在这个境界中，情是升华了的情，景是奇妙的景，理是深邃的理。在开篇诗人用神来之笔给人描绘了一幅奇丽的图画，全诗以月、水为经纬，以春为质地，以花为图案，以夜为底色，织就了一幅光彩斑斓的春江月照图。后转入了对永恒宇宙和有限人生的探索。

诗人在空灵而神秘的景象中，想到了永恒的明月和代代的人生。在“江畔何人初见月？江月何年初照人”的追问中，展示了深沉的宇宙意识，表现了对有限、无限，顷刻、永恒这些奥秘的兴趣。同时在“人生代代无穷已，江月年年望相似”的述说中，又表现了对人生的执着和赞美。诗人在有限、无限，顷刻、永恒的相遇中得到了满意的回答。

诗人把对人生意义的满足引向了男女相思相恋的情爱上。诗中“白云”“青枫浦”分别象征行踪不定的男子和男女分别的所在。诗文以深情的笔触赞颂了纯洁的经过升华的男女情爱，创造了神秘、美妙和动人的情、景、理的有机融合。

15.**【参考答案】**(1)B **【解析】**B项，“书法使老余得以从琐碎的生意中超脱”说法错误。一则生意并不琐碎，二则不是书法使他从生意中超脱出来的，老余不论是在书法上还是厨艺上，都非常超脱。

(2)①“途中”包含老余对厨艺、书法的精益求精。他不以自己做菜有绝活、书法精妙为终点，而是不断追求进步。

②“途中”包含老余对日常生活的深刻认知。他认为过日子不只是为了舒坦不差钱，更是为了生活充实，让人生有价值。

③“途中”包含老余对精神世界的重视。他注重自己的爱好，不以书法和厨艺博取名利，只求内心的愉悦和丰盈。

④“途中”包含老余对自己的名字的深刻理解。“途中”的“途”用拆字法，“余，在走路”。把他的名字和他的思想境界、精神上的超脱融合在了一起。

(3)①巧用比喻、反问等修辞手法，使语言生动形象，富有情感和气势。如用“如沐春风，如浴温泉”生动形象地写出老余聊天时带给人们的温暖；多处连用反问，表达了强烈的情感。

②口语和书面语、文言交杂使用，使语言通俗亲切又不失典雅庄重。如“怎么说呢”“比方说吧”的口语表达，使语言生活化，亲切自然；“何谓”“答曰”“来者神清气爽，依依拱手作别”等文言、书面语的运用，使语言古朴典雅，意蕴丰厚。

③长短句结合使用，使语言错落有致，富于变化。如“煨好送去，肉老了，汤凉了，味道更不对”“老余聊天，是海聊，神聊”，运用短句使语言简练，富有节奏感，与长句配合，行文有变化之美，读起来朗朗上口。

④运用第一人称和第三人称叙述相结合的手法，有亲切感、真实感，表达灵活自由，便于情感的表达。如老余回答“我”对“途中”这一饭店名

字是何意的询问:"我老余",这是采用第一人称,以当事人的口吻来叙述,读来使人感到亲切、真实;介绍老余的技艺本事采用的是第三人称,以局外人身份用第三者口吻来叙述,自由灵活地反映出客观内容。

五、案例分析题

16.【参考答案】案例中导入语主体部分的语言,可以说是极富有感染力的台词。再加上教师饱含深情的声音和《二泉映月》的音乐渲染,使"课堂中气氛凝重,有些学生流下泪来"。教师还通过"同学们愿意听电影故事吗?""能做到吗?"两个提问,把学生的注意力集中于课堂上。

导入语主要有两种功能:一是激发学生亲近课文、探究课文的欲望;二是渲染氛围,以便学生更好地体验、理解课文。案例中的导入语属于后一种。我们可以感受到该导入语氛围渲染的效果非常好,十分自然地把学生带入了诗歌的意境,加上教师富有感染力的朗读,胜过千言万语的讲解。因为导入语的主要功能在此,所以教师导入后紧接着应该是让学生接触、感知课文。有的教学案例导入语的设计很不错,但导入后的教学只在课文外游移,比如静态地介绍背景、作者等,这是为了导入语而设计导入语。而案例中的导入语激发了学生阅读的期待,紧接着教师朗诵,使学生进入课文、感知课文,这种导入语与课文的快速对接,是导入部分的设计原则。

六、技能应用题

17.【参考答案】(1)问题:谈谈你对刘禹锡的人生态度和生活情趣的看法。

学生回答:①逃避世俗,脱离劳动人民,缺少为国为民的奉献精神。②不能与时俱进,不能培养自己的意志。③人品高尚,志行高洁。

教师追问问题:如何结合作者的遭遇和处境对其做出相应的评价呢?

(2)全文共九句,寥寥81字。前两句设喻引题,颂扬陋室。中间四句通过描写陋室的清幽环境及其人物交往、生活状况,极力表现"陋室不陋"。最后三句以古贤居室自比,引孔子语结束全文,再次含蓄地表达了高洁傲岸的节操和安贫乐道的志趣。

教师招聘考试中学语文终极密押试卷(一)

一、单项选择题

题序	1	2	3	4	5	6	7	8	9	10
答案	C	B	C	C	C	D	B	D	A	C
题序	11	12	13	14	15	16	17	18	19	20
答案	D	C	B	D	B	C	C	D	C	A
题序	21	22	23	24	25	26	27	28	29	30
答案	A	B	A	B	D	D	C	B	B	C
题序	31	32	33	34	35	36	37	38	39	40
答案	C	B	A	C	B	D	B	C	D	B

1. C 【解析】本题考查现代汉语基本知识的识记。C项,一般一个完整的音节应该具备声母、韵头、韵腹、韵尾、声调五个部分。

2. B 【解析】本题考查造字法的辨析。A项,"鹿"是象形字,"朱"是指事字,"江"是形声字。B项,均为指事字。C项,"刃"是指事字,"莫""从"是会意字。D项,"臭"是会意字,"星"是形声字,"向"是象形字。

3. C 【解析】本题考查汉字笔画、笔顺的识记和运用。C项,"必"最后一笔应为"点"。

4. C 【解析】本题考查字音的辨析。A项,加点字的读音依次是:huáng/huáng/huáng/huāng。B项,加点字的读音依次是:sǒng/sòng/sǒng/sǒng。C项,加点字的读音依次是:jiàn/xián/jiān/jiǎn。D项,加点字的读音依次是:páo/pǎo/pào/páo。

5. C 【解析】本题考查字形的辨析。A项,"义愤填膺"应为"义愤填膺"。B项,"干躁"应为"干燥"。D项,"厄梦"应为"噩梦"。

6. D 【解析】本题考查成语结构的理解和运用。A项均为主谓结构。B项均为偏正结构。C项均为并列结构。D项分别是连动结构和动宾结构。

7. B 【解析】本题考查句子变换的理解和运用。B项,原句的意思是"参加体育活动",改句的意思是"不参加体育活动",句意改变了。

8. D 【解析】本题考查文学知识的识记。A项,"三人成虎"出自《战国策·魏策二》,"一举两得"出自《晋书·束皙传》,"拾金不昧"出自《客窗闲话·义丐》。B项,"螳螂捕蝉"出自《说苑·正谏》,"讳疾忌医"出自《周子通书·过》,"画蛇添足"出自《战国策·齐策二》。C项,"郑人买履"出自《韩非子·外储说左上》,"东施效颦"出自《庄子·天运》,"对牛弹琴"出自《理惑论》。D项,"守株待兔"出自韩非的《韩非子·五蠹》,"老马识途"出自《韩非子·说林上》,"曾子杀彘"出自《韩非子·外储说左上》。

9. A 【解析】本题考查病句的辨析。B项,中途易辙,可在"提前"前加"他们"。C项,句式杂糅,"所以食用新鲜蔬菜应该洗净较为安全"糅合了"食用新鲜蔬菜应该洗净""洗净较为安全"两种句式,可删去"较为安全"。D项,搭配不当,"加大"和"拖移"不搭配。

10. C 【解析】本题考查标点符号的运用。A项,第一个问号应改为逗号,第二个问号应改为句号。B项,引号内的句号应删去。D项,句末的句号应放在后引号前面。

11. D 【解析】本题考查修辞手法的运用。第⑥句没有用比喻的修辞手法。虽然句子用了“像”一字,但这只是表猜测或想象,并不是比喻词。这句话运用的是夸张的修辞手法。

12. C 【解析】本题考查语言表达的运用。A项,寄呈:谦辞,将书信等恭恭敬敬地给对方看。用于对方,不得体。B项,车笠之交:不以贵贱而异的朋友。与语境相矛盾。D项,椿萱并茂:比喻父母都健在;兰桂齐芳:旧指儿孙同时显贵发达,又比喻子孙后代一起取得荣华富贵。用在此处不得体。

13. B 【解析】本题考查词语的辨析和运用。休戚相关:彼此间祸福互相关联。息息相关:呼吸相关联,形容关系密切。材料中无“忧喜祸福”,不能用“休戚相关”。心跳目眩:心脏因兴奋或紧张而加快跳动,眼昏花。目眩神迷:眼花缭乱,心神摇荡,所见情景令人惊异。“宦海激浪,商战奔突,急功近利,立见实惠”与“神迷”无关。律动:指有节奏地跳动,有规律地运动。躁动:因急躁而活动。与“急功近利”等呼应,应用“躁动”。故选B。

14. D 【解析】本题考查文学常识的识记。D项,诸葛亮的《出师表》又称《前出师表》,是相对二次伐魏时的《后出师表》而言的。“鞠躬尽瘁,死而后已”出自《后出师表》。

15. B 【解析】本题考查对《孔雀东南飞》的理解。B项,《孔雀东南飞》选自南朝·梁徐陵编撰的《玉台新咏》。

16. C 【解析】本题考查文化常识的识记。“以字命名”说法错误,昌黎韩氏于唐是一时望族,韩愈自称“郡望昌黎”,故世称“昌黎先生”。

17. C 【解析】本题考查文学常识的识记。C项,李商隐与杜牧合称“小李杜”。

18. D 【解析】本题考查对《童年》的理解。《童年》这部小说的基调在整体上显得严肃、低沉。但小说是以一个小孩的眼光来描述的,这样就给一幕幕悲剧场景蒙上了一层浪漫主义的色彩,读起来令人悲哀但又不过于沉重,使人在黑暗中看到光明,在邪恶中看到善良,在冷酷无情中看到人性的光芒,在悲剧的氛围中感受到人们战胜悲剧命运的巨大力量。

19. C 【解析】本题考查文化常识的运用。“追摹古人得高趣,别出新意成一家”是对书法、绘画、篆刻等艺术的高度评价,放到宗祠里不恰当。

20. A 【解析】本题考查成语的运用。A项,光怪陆离:形容现象奇异、色彩繁杂。B项,举重若轻:举重东西就像举轻东西那样,形容做繁难的事或处理棘手的问题轻松而不费力。用在此处不符合语境。C项,改换门庭:改变门第出身,提高社会地位;投靠新的主人或势力,以图维持、发展。与语境改换专业意思不符。D项,并行不悖:同时实行,互不冲突。用在此处不符合语境。

21. A 【解析】本题考查句子衔接的运用。横线前的“满目晴空”与A项中的开头语“看天”连接紧密,且A项按从上到下、先分后总的顺序来展开,叙述非常合理。故选A。

22. B 【解析】本题考查对仗的理解和运用。题干中“倚槛”为动宾结构,“天开”“爽气”“座揽”皆与之不符。

23. A 【解析】本题考查古诗鉴赏的理解。A项,高适和岑参是盛唐边塞诗派的代表。

24. B 【解析】本题考查典故的识记和运用。A项,用了《楚辞·招隐士》的典故,《招隐士》末句云:“王孙兮归来,山中兮不可以久留。”原意是招王孙出山入仕,王维反用其意,自成佳构,增无限趣味。C项,用了“庄周梦蝶”“杜宇啼春”的典故。D项,用了南朝时刘宋名将檀道济曾自称为“万里长城”的典故。

25. D 【解析】本题考查通假字的理解和运用。A项,“诎”通“屈”,理屈。B项,“拂”通“弼”,辅佐。C项,“说”通“悦”,高兴。

26. D 【解析】本题考查古今异义词的理解和运用。A项,学者:古义为求学的人;今义为在学术上有一定成就的人。B项,众人:古义为一般的人;今义为大家、许多人。C项,从而:古义为跟从、并且,是两个词;今义是连词,表上文是原因、方法等,下文是结果、目的等。

27. C 【解析】本题考查词类活用的理解和运用。题干中的“耻”是意动用法,译为“以……为耻”。A项,“羞”是意动用法,译为“以……为羞耻”。B项,“耻”是意动用法,译为“以……为耻”。C项,“归”是使动用法,译为“使……回去”。D项,“师”是意动用法,译为“以……为师”。

28. B 【解析】本题考查文言实词的理解和运用。A项均为“少”的意思。B项,前者是“攻打”,后者是“夸耀”。C项均为“辅佐”的意思。D项均为“明白,懂得”的意思。

29. B 【解析】本题考查文言句式的理解和运用。“将崇极天之峻”译为“就要推崇皇权的高峻”,该句并无特殊句式。

30. C 【解析】本题考查文言虚词的理解和运用。例句中的“其”是代词,代指“他,他的”。A、B、D三项中的“其”的用法均与之相同。C项,“其”在句中充当语气副词,起加强语气的作用,在不同的语境中会有不同的意思,在本句可以翻译为“可要、一定、务必”。

31. C 【解析】本题考查判断句的理解和运用。A、

B、D三项都是判断句,"也"表判断。C项是陈述句,"也"加强肯定与确认的语气,一般不译。

32. B 【解析】本题考查文言句式的理解和运用。A、C、D三项均为宾语前置句。B项是状语后置句。

33. A 【解析】本题考查被动句的理解和运用。A项,译为"而且您曾经给予晋惠公恩惠",没有被动意义。

34. C 【解析】本题考查文言句式的理解和运用。C项为状语后置句。

35. B 【解析】本题考查文言翻译的理解和运用。B项应译为:何必要飞九万里到南海去呢?

36. D 【解析】本题考查《义务教育语文课程标准》(2011年版)的内容。《义务教育语文课程标准》(2011年版)指出:综合性学习应突出学生的自主性,重视学生主动积极的参与精神,主要由学生自行设计和组织活动,特别注重探索和研究的过程,要加强教师在各环节中的指导作用。

37. B 【解析】本题考查《义务教育语文课程标准》(2011年版)的内容。

38. C 【解析】本题考查《普通高中语文课程标准》(2017年版)的内容。A项属于选修课程。B、D两项属于必修课程。

39. D 【解析】本题考查《普通高中语文课程标准》(2017年版)的内容。

40. B 【解析】本题考查《普通高中语文课程标准》(2017年版)课程目标的识记。B项,"文化传承与理解"是学科核心素养的内容。

二、文言文阅读题

1. C 【解析】C项,过:拜访。

2. D 【解析】A项,代词,指代杜甫/音节助词,不译。B项,助词,附在"饿殍"之后,组成名词性短语,相当于"……的"/助词,放在"今"之后,不译。C项,连词,译为"于是"/副词,译为"才"。D项,两个"为"都是动词,译为"担任"。

3. B 【解析】B项,"自幼同房琯就有深交"错。原文是"房琯布衣时与甫善",意思是房琯在做官之前和杜甫是朋友。

4.【参考答案】(1)杜甫曾游览耒阳的岳庙,被洪水阻隔,十多天都得不到食物。

(2)宗武的儿子嗣业,从耒阳迁走杜甫的棺柩,回去安葬在偃师县西北的首阳山前面。

三、诗词鉴赏题

1.C 【解析】C项,"飞阁遥连秦树直":脚下严关的楼阁遥遥连接于古秦中地区直立的树木。这里同时写出作者视线向来路渐伸的动态,对那马蹄踏过的途程似表现出诀别之际的几缕眷顾之情。

2.【参考答案】天山群峰耸立,似同脚下严关比肩而立,大漠广阔无边,令人迷惘。作者用这"视通万里"的想象之笔,在比衬之中,写出嘉峪关横扼西北通衢的险要,诗境更为阔大雄浑,而一个"迷"字则暗含前路迷茫的疑虑。

3.【参考答案】前三联描绘雄伟壮阔的自然形胜,气势雄壮,表现作者豪迈的情感。尾联和函谷关对比表现作者阔大的胸襟。

四、案例分析题

【参考答案】

(1)课堂提问应扣住本课学习的内容和教学重点,如《苏州园林》要求学生把握每一节的说明对象及特征。

(2)课堂提问应在最大程度上激发学生的学习兴趣,并为学生的持续兴趣提供可能。如《苏州园林》学习中,要求学生运用对联或诗句的形式概括每一节内容,注意说明对象和特征,正是顺应了学生喜欢语言的韵律之美的天性,激发了学生学习的兴趣,学生所面对的不再是一篇枯燥乏味的说明文学习,不再是死板地了解每一段的说明内容,而好似一群游览的诗人在美丽如画的园林中题诗联句,不仅调动了学生原有的知识积累,锤炼了语言,而且使他们大大过了一回当诗人的瘾,并且能更加牢固地掌握学习目标。而从部分学生的作业超出了教师预想和布置来看,学生有着浓厚的兴趣,相信这样的课堂提问设计和相应的课后作业能激发学生对语文学习的持续兴趣。

(3)课堂提问设计在主观上应更好地达成学习目标,在客观上能够有意识地发挥一定的作用。把握说明对象及其特征,相信通过一般的提问,如"思考或讨论每一节的说明对象及特征",也能达到这个目标。如果变式提问能引起学生主动学习的兴趣,激起学生情感的波澜,相信学习目标的达成度会更高,并且从课堂学习的隐性目标甚至目标以外的附属产品而言,变式提问和有趣味或令人深思的作业设计,是一般的就显性的短期目标而目标的提问设计和作业是难以企及的。《苏州园林》学习中,从学生的课堂发言和课后作业来看,一方面他们对阅读的内容有了细致入微的体验,对说明对象的特征甚至说明方法了然于胸,一方面学生对对联、诗词有了一点体会和兴趣,比如,在扣住内容的同时,他们讲究句式的对称和变化,讲究用词的整齐相对,甚至讲究押韵,读起来朗朗上口。可见,课堂提问的变式设计和相应的作业,让学生有了广阔的发展天地。

(4)学生的诗句是稚嫩的,学生的阅读是兴趣盎然的,是自主快乐的,是思维迸发的,是有真实而独特的体验的。无论从学习目标、学习兴趣以及客观功能,材料中教师的课堂提问设计和作业是比较成功的。因此,语文学习中教师引导学生学习方向、激发学生学习兴趣、促进学生思维发展、培养学生语言锤炼等一系列学习目标完成中,课堂提问设计及作业的设计非常重要,值得探索。《苏州园林》的上述课堂提问及相应延伸的课外作业既为优美如画的苏州园林增添光彩,让学生不由自主萌发对园林艺术的情感，又为《苏州园林》的课堂学习注入了活力，增添了生趣，富有诗情画意，而充满生机的课堂又成为师生心中一道最亮丽的风景线，支持着教师热情地教语文，学生快乐地学语文。

五、作文题

【例文】

中国式浪漫

“浪漫”一词本是一个“异域来客”，西式的浪漫源起已久，有迹可循——她是梵高的油画，是巴赫的钢琴曲，是莎翁的十四行诗……热烈奔放，自成一派。而中国人则赋予了“浪漫”独特的内涵与感受，她是如此的写意与诗意，正如庄之蝶的羽翼、太白杯中的月影、书圣笔锋上的墨迹；可她却也承载着跨越时空的愿景与精神风貌，连接着千年之间今人与昔人的情感和对历史文化不变的敬意与认同。

“中国式浪漫”，体现了中华文化特有的含蓄、实干之美，既是诗意的回归，更照鉴了民族精神的磅礴力量。

中国式的浪漫，建立在今人与昔人对中华文化深表认同与尊崇的基础之上。因此，这样别具一格的“浪漫”绝不是一缕明月光、一泓石上泉那么简单，只有生活在这片土地上的人才能感受，只有懂得中国的人才能领悟，也只有热爱她的人才能拥有。诗歌，或许是体现中国人基因密码中浪漫因子的最好注脚。中国古诗词的力量和情感，穿越千年而丝毫不减。诗人们把灵动活泼的情感含蓄地注入他们的诗篇，编织在一动一静、一虚一实、一咏一叹之间，让千年之后的我们穿越时空的界限，依旧能品味着“青青子衿，悠悠我心”式的情感之浪漫，品味着“如圭如璋，令闻令望”的风度之浪漫，品味着“七月在野，八月在宇，九月在户，十月蟋蟀入我床下”的自然之浪漫。在这种共鸣、共情之中，我们了解了故事、读懂了历史，更重要的是我们找到了自己和文化的根脉。因为这份认同与难以割舍的血脉亲情，中国人带着先辈们无数瑰丽恢宏的想象与愿景，一步一个脚印地走着。

对文化的认同，是古今意识层面的高度统一。一代又一代人以此为基础，将千年之间世代伟大奇幻的梦想逐一化为现实。“万古长空，一朝风月”是中国人对“浪漫”别样的诠释。

如果说含蓄美是中国式浪漫的特点，那么中国式浪漫就体现在中国人的实干精神上。这片广袤大地上勤劳朴实的人们，并不会过多言表心中所思所感，而是将情感、希冀付诸行动。这样的浪漫虽与西方浪漫的直接、裸露不同，却如细雨微风，点点滴滴深入人心。“飞天”的梦想延续千年，它存在于《淮南子》嫦娥奔月的故事中，存在于“修仙问道”的曼妙想象中，存在于《山海经》的珍禽异兽中。今天的中国人把传说化为了现实。中国航天登月探测器名为“嫦娥”“玉兔”，曾经云母屏风后的嫦娥、桂树下捣药的玉兔如今焕发出新的生机与活力——她们带着先辈与吾辈共同的梦想和期许飞向了未知的宇宙，继承了先辈的梦和今人的怀念，浪漫了千年。然而实现梦想的过程筚路蓝缕，道阻且长。近代中国的血泪、世界强国的干预与垄断，让中国式浪漫的体验充满了艰难困苦。可正是如此，中国式浪漫才有了与众不同的定义——敢于拼搏的民族精神和不屈之志。

如今，中国式的浪漫已然成为一个国家独属的标签，我们仍需要带着先辈的期许，带着对文化最炽热的敬与爱，让中国式的浪漫被多元化的世界认同，因为这样的浪漫背后蕴藏着中华民族的风骨和态度。

中国式的浪漫，势必将继续带着无穷诗意与不屈韧性，缓缓流淌进更多人的灵魂深处。

教师招聘考试中学语文终极密押试卷(二)

一、诗歌鉴赏题

1.【参考答案】作者愁的原因是：风浪猛打船头，延缓了作者的归程。

2.【参考答案】上片的写景基调惨淡沉重：雁怯重云，画船载愁，风浪打头。下片的写景基调欢快愉悦：春浦生绿，小梅长枝，充满生机；灯火催归，一片温馨。这样安排的好处是：形成对比，上片写得越愁苦伤感，下片越能突出作者离家越来越近的欢欣愉悦。

二、文言文阅读题

3. B 【解析】B项，意：以为，认为。

4. D 【解析】A项，凭借/用。B项，向/在。C项，做/表被动。D项，均为连词，表转折。

5. C 【解析】①客观介绍了杨存中个人情况，与“忠勇”无关；⑤表现了杨存中用奇兵破敌；⑥表现了杨存中的仁爱。故选C。

6. C 【解析】A项，“熟读经书”说法错误。B项，皇上欣赏信任杨存中与杨存中昼夜护卫皇上寝帐前后顺序错误。D项，“朝廷主动给他父亲、祖父加赠谥号、赐庙，又允许祭祀五代”说法错误，原文说的是“存中既显，请于朝”；“朝廷也帮助寻访、迎接回来”无中生有，原文说的是“存中日夜祷祠访问，间关数千里，卒迎以归”。

7.【参考答案】(1)杨存中请求再次前去，皇帝阻止他。

(2)战斗还未结束，降卒太多，突然发生叛乱，该怎么办？非将他们全部杀掉不可。

三、现代文阅读题

8. BC 【解析】B项，“因为他认为自己跟善卷差不多，他也是会为大家谋福利的人”说法错误。他是想向善卷学习，做一个像善卷那样为大家谋福利的人，同时也是为了引出自己打井的想法。C项，“黑牛在那里打出了甘甜的井水”说法错误。从原文看，黑牛只是在开始打的井里放了一只盛水的大木桶，并不是真正打出了井水。

9.【参考答案】(1)生活节俭。自己节衣缩食，积攒了一万多块钱。(2)知恩图报。他知道全村的人对他好，所以他要用自己积攒的钱给大家打一口井，并且用剩下的钱买水管。(3)重感情。与村里人感情很好，爱到黑牛家坐坐，请村里人吃饭等。(4)坚定执着。他攒了很多年钱，就是想为村里人打井；黑牛不想用他的钱打井时，他坚持自己的想法。

10.【参考答案】黑牛开始不用瞎伯的钱打井，是因为他认为瞎伯攒钱不易；而瞎伯去世后，他用瞎伯留下的钱打一口井，是为了满足瞎伯的心愿，并让人们记住这个善良的老人。作者这样写，既突出了瞎伯的品质，又表现出黑牛内心的淳朴，相互映衬，升华了主题。

11.【参考答案】(1)从人物方面来说，甜甜的、润润的井水，既是从老井打出的水的真实味道，也是瞎伯美好精神品质的象征，还包含着乡邻对瞎伯的怀念之情。(2)从主题方面来说，以对井水的感受结尾，突出了这里人与人之间纯真美好的情感。(3)从情节方面来说，收束全文，耐人寻味。

12. C 【解析】C项，“之所以博大、质朴，是因为它没有音乐曲调上的限制”说法错误。结合第三段首句“我们先说形式上的原因”和第二段“也有写作时语言、环境、背景的原因”的表述，就会发现选项“以偏概全”，除了形式方面的原因，还有写作时语言、环境、背景的原因。

13. B 【解析】A项，“再着重从写作时的各种原因方面分析”说法错误，最后就乐府诗与词的异同作了辨析。C项，“文中采用的都是引证法”说法错误，文中对应部分虽然有引用，但作者的目的是列举实例，引用的内容并不是重点，这部分采用的主要是例证法；且文中在论述乐府诗与词的不同时，还采用了对比论证的方法。D项，“文中论述诗与词的形式上的差别时，主要谈了有无音乐曲调的限制以及句式、押韵的不同”说法错误，“句式、押韵的不同”概括不全面，文中还花了大量笔墨谈“停顿”的不同。

14. C 【解析】A项，“诗的句式都是整齐的……”说法错误，扩大了范围，根据文章第四段可知，“句式都是整齐的……固定的节奏”指的是一般流行的五言诗和七言诗。B项，“诗与词的停顿是不一样的”，说法过于绝对，根据原文第四段的内容可知“词里面也会有与诗相同的停顿”，且分析可知，杜诗和苏词中的五字句都是二三的节奏。D项，“而词是不完全自由的”说法错误，原文是“词则是完全不自由的”。

四、教材教法题

15.【参考设计】

《〈世说新语〉两则》教学设计

一、教学目标

1. 阅读浅易文言文，积累常见的文言词语。能借助注释和工具书理解基本内容。

2. 能准确翻译文中重点句子，并理解其深刻内涵；体会文章语言精练、叙事简洁的特点。

3. 了解古代聪颖机智少年的故事，学习古人的智慧、诚实、守信，养成尊重他人的习惯。

二、教学重点

朗读课文，理解课文内容，积累文言词语；感受文中少年的机智聪颖，明白要守信明礼。

三、教学难点

体会文章语言精练、叙事简洁的特点。

四、教学过程

1. 导入

(1)播放《司马光砸缸》的动画片。

俗话说：“自古英雄出少年。”在我国古代涌现出了很多聪颖机智的少年，如四岁画画的王冕，七岁作诗的曹植，十二岁任宰相的甘罗等。今天我再向大家介绍一下从《世说新语》走出来的聪颖少年。

(2)简介《世说新语》及其作者刘义庆。

2. 疑读

(1)“寒雪”“内集”“欣然”“大笑”等词语营造了一种怎样的家庭氛围？

(融洽、欢快、轻松)

(2)分析“撒盐空中”“柳絮因风起”两个比喻，哪一个更好？同时说说还可以用哪些事物来比喻雪。

(“柳絮”更好。好的诗句要有意象，意象是物象和意蕴的统一。“柳絮”一喻好在有意象，给人以春天即将到来的感觉，有深刻的意蕴；“撒盐”一喻只有物象而无意蕴)

(3)《咏雪》结尾交代了谢道韫的身份，有什么用意？

(这是一个有力的暗示，表明他赞赏谢道韫的才气)

(4)用《陈太丘与友期行》中的原句回答以下问题：

①客人发怒的原因是——“与人期行，相委而去”。

②客人不守信的表现是——“过中不至”。

(可见我们做人要讲“信”讲“礼”)

(5)《陈太丘与友期行》中另一个重要人物元方有什么性格特点？

(聪明、机智)

(6)我们发现《陈太丘与友期行》的结尾客人已经主动道歉，元方仍然入门不顾，他这样做是否礼貌？
（同桌之间交流看法）
3. 译读
以同桌为单位，让学生一个读原文，另一个试着翻译，用接力的形式译完课文。
4. 悟读
(1)分小组采用自主、合作、探究的学习方式，让学生质疑、辩论、解疑，教师巡回指导。
(2)把研讨中有代表性的和有难度的问题，以小组为单位，推选代表提出。全班讨论，得出结论。
5. 品读
学生边读边品析文章语言的精练和叙事的简洁。
6. 小结
全文以寥寥数笔，将当时的环境和一个个生动的人物形象展现在我们面前。作者能做到这一点，关键在于他使用了非常形象的比喻，凝练了生动的语言，点出了人物与环境的特点，使人物跃然纸上。
7. 作业
(1)鲁迅先生把《世说新语》称为"一部名士的教科书"，好书不读是人生的一大憾事，请同学们课下阅读《世说新语》，相互交流。
(2)收集有关咏雪的名句。
(3)围绕"诚实""守信""待人有礼貌"这几个主题写一篇小作文。

五、作文题

16.【例文】

慢是一种力量

面对晨敲钟，夜诵经的生活，材料中的小和尚总觉得这样修行太慢，没有长进。我不敢苟同，我要说，慢是一种力量。

小和尚所忍受不了的，是慢，是对自己日复一日的修行感到毫无信心，说到底就是对自己的不自信，然滴水未滴，怎能穿石？这立马让我想到了一个人物——李安。

李安的《少年派的奇幻漂流》，当时上映未至一周，就揽下过亿票房，好评如潮，赞不绝口，给世界带来一个新的神话。可如果我告诉你，这个神话是李安用四年完成的唯一的作品呢？是的，在电影工业如流水线般运作的今天，李安显得很慢。四年磨一剑，可我敢肯定这是李安的全部心血所凝。这部电影曾被业界公认无法拍成，因为它是由一本几乎没有对话的小说改编而成的。可李安他做到了，他慢慢地，慢慢地改进技术，启发演员，他慢慢地打磨这部电影，韬光养晦。终于，他让世界见识到慢的力量。

李安之所以能展现慢的力量，是因为他敢慢，因为他深谙欲速则不达的道理，因为他有自信，那他的自信源于什么？源于能力、毅力，是艺高人胆大的慢。

国画大师齐白石，以其自成一体的画风为绘画界所推崇，可这简简单单的"自成一体"，可是花费了齐老后半生的心血啊！在齐白石中年时，他的画功已是登峰造极的了，可齐白石总觉得美中不足。他遍访名家，终有当时一位新生画家委婉点破："若能有所创新，当会更好。"齐老如获至宝，潜心在家中钻研，一钻研就是三十年。再出画坛时，齐老已是满头白发，但这三十年没有白费，他以自己的深厚画功，天马行空的想象力，再加上时间的沉淀，在慢中意气风发，独树一帜。

说到底，材料中的小和尚便如如今大多数人一般，太过浮躁。所以，让我们跟那位老和尚学学，潜心修行吧。因为慢，是一种无与伦比的力量。

教师招聘考试中学语文终极密押试卷(三)

一、基础知识题

题序	1	2	3	4	5	6
答案	B	D	A	C	B	C

1. B 【解析】本题考查字音的辨析。A项，膻味(shān)。C项，鬈发(quán)。D项，堵塞(sè)。
2. D 【解析】本题考查词语的运用。A项，桀犬吠尧：比喻走狗一心为它的主子效劳。句中是说当政者不顾百姓疾苦，胡乱吹嘘自己的政绩，找不出"桀犬吠尧"的意思，也与"愚民"不沾边。B项，久假不归：指长期借去，不归还。用在此处望文生义。C项，人心不古：现在的人思想感情不如古人那样真挚纯朴。用在此处望文生义。D项，饱汉不知饿汉饥：比喻处境好的人，不能理解处于困境中的人的痛苦和难处。
3. A 【解析】本题考查句子的衔接。从整段文章来看，有"就醒了""你还能躺在床上么？……一跃就起来"表示顺序的词语；③⑤写的是声音，②④写的是开窗后见到的景象；①是由"听"到"见"的过渡。故选A。
4. C 【解析】本题考查文言文句式的辨析。①③为状语后置句，②⑤为宾语前置句，④⑧为判断句，⑥⑨为被动句，⑦⑩为定语后置句。
5. B 【解析】本题考查文学常识的识记。B项，"刻舟求剑"出自《吕氏春秋·察今》。
6. C 【解析】本题考查修辞手法的运用。A项，昔时满殿的宫女与今日一宫仅有鹧鸪形成对比。B项，"人面"不在与"桃花"仍在形成对比。D项，已断的君恩与不断的泪行形成对比。

7. 陆游;岳阳楼记;周敦颐

8.(1)故患有所不辟也

(2)酒酣胸胆尚开张

(3)则知明而行无过矣

(4)檐牙高啄

(5)艰难苦恨繁霜鬓

(6)所以传道受业解惑也

二、阅读鉴赏题

9.【参考答案】(1)“依”是“依偎”,“枕”是“枕着”。这里运用了拟人的修辞手法。从舟中远望过去,仿佛神女庙依偎有如屏嶂的山峦,行宫以碧水为枕藉。古庙、行宫、山、水这些景物,一经词人用“依”“枕”二字加以连缀,便构成了一个整体。写出了古庙和青嶂、行宫和碧流的依存关系。

(2)最后一句写“行客”“多愁”,言外之意是“猿啼”引发的,故有“何必”之语,似在埋怨猿猴。实际上,“行客”早已有愁,与外物何干？此为“无理”,但符合作者此时此地的心情,恰如其分而又深刻浓郁,是为“妙”。

10.【参考答案】(1)D 【解析】D项,“呜呼休哉”意思是“多么美好啊”。“休”可译为“美好”。

(2)A 【解析】A项,均为介词,用,把。B项,介词,被/介词,对于。C项,助词,用于主谓之间取消句子独立性/代词,代这件事。D项,连词,表转折,但是/连词,表并列。

(3)B 【解析】B项,“但他儿子懿敏公在宋真宗时做了宰相”说法错误。文中“已而其子魏国文正公,相真宗皇帝于景德、祥符之间”,在宋真宗时做宰相的是晋国王公的儿子魏国文正公,懿敏公是魏国文正公的儿子。

(4)国家将要开始兴盛的时候,一定会有世代祖先积德的臣子,尽力贡献却不接受他的报答。

11. (1)B 【解析】B项,“必须要知道他最初的民族”说法过于绝对。原文为,“研究一个国家的历史,总得知道他最初的民族,”所以,原文说的是“总得知道”,而选项说成是“必须要知道”。

(2)A 【解析】A项,“是为了说明其中一个昆仑的说法是错误的”说法错误。原文说“《史记·大宛列传》所谓‘汉使穷河源,河源出于阗。其山多玉石,采来。而天子案古图书,名河所出山曰昆仑云’。其说自极可靠。那么,如今于阗河上源一带一定是汉族古代的根据地了。《书·禹贡》:‘织皮,昆仑,析支,渠搜,西戎即叙……这一个昆仑,在如今西宁县的西边青海地方,和前一个昆仑无涉’”,文中并没有认为哪种说法是错误的。

(3)A 【解析】A项,“作者对汉族西来的说法持反对态度”说法错误。原文指出“关于这一个问题的回答,要算是‘西来说’最为有力。近来关于这一个问题的著述,要算蒋观云的《中国人种考》最为详博。但是他所举的证据,还不尽可靠”,可见作者不反对西来说,只是对蒋观云的例证有异议。

12.【参考答案】(1)C 【解析】C项,“个人英雄主义”“暗含批判”于文无据。

(2)①相同点:都描写了号声的响亮、凄切,烘托了悲壮的气氛。

②不同点:前者写出了陆青对战斗惨烈及阿贵牺牲的悲愤之情,饱含了鼓舞战友奋勇向前、全力突围的奋发昂扬之意。后者写出了陆青身陷绝境之际竭尽全力提醒战友避开沼泽的急切,表达了陆青在生命的最后时刻的筋疲力尽以及不能再继续战斗的不甘和遗憾。

(3)“军号”是军魂的象征,是主人公的生命所在、精神所系,承载着陆青的顽强精神、英雄气概和高尚情怀,有助于人物形象的刻画。“军号”是全文的线索,小说处处围绕“军号”展开故事情节,文章结构紧凑、集中。“军号”意味着革命精神的传承和前进方向的指引,从阿贵到陆青,薪火相传,生生不息,有助于文章主题的揭示。

三、教学实践题

13.【参考答案】①《红楼梦》写人物已经改变了以往古代小说人物类型化、单一化的写法,塑造出了性格鲜明的人物,其中林黛玉就是一个典型。案例中教师的教学方法不仅能使学生明白《红楼梦》在人物描写上的成就,还能让学生更容易理解林黛玉的性格不是单一的,而是丰富且深刻的。

②语文课要培养学生对语言文字的感觉,提高学生的语文素养。该教师充分利用语言文字的间接性,通过“点评式读书法”的介绍和运用,再加上对欣赏方法的适当点拨,引导学生尽可能地贴近文字,走进文字,与语言文字亲密接触,从而领略文字所蕴涵的丰富内容,从文字中感受形象,感受文学大师运用文字的高超技艺,提高学生的欣赏水平。

③在教学环节的设置上,该教师充分尊重学生主体地位,说出自己对文中林黛玉的理解。在指导理解的过程中,让学生把众人眼里的黛玉、王熙凤眼里的黛玉、宝玉眼里的黛玉,三处描写放在一起,加以比较,让学生在比较中体会不同人物眼中不同的林黛玉,有利于提高学生的观察思考能力,间接锻炼了学生的语言表达能力。

14.【参考答案】(1)①领悟本文托物言志的艺术手法的巧妙运用,把握文章所传达的思想感情;感受语言的优美旋律和浑厚意味。

②体会清新、优美、生动的语言,提高散文鉴赏能力和语言表达能力。

③体味作者对大自然,对自由生活,对独立人格的向往和迷恋之情,唤起追求积极而坚实、乐观而执着的人生的欲望。

(2)①说说标题“我的空中楼阁”有几层含义，其中寄托了作者怎样的思想感情。

答：标题“我的空中楼阁”一语双关，既指作者心爱的小屋建于山上，在烟雾迷蒙中，犹如构筑在天空中的楼阁一般；又指幻景中的楼阁，即理想中的远离喧嚣、恬静安宁的生活环境。“空中楼阁”寄托了作者热爱自由快乐的生活，保持独立人格的思想感情。

②下列句子生动形象，富有表现力。请作简要评析。

A. 山上有了小屋，好比一望无际的水面飘过一片风帆，辽阔无边的天空掠过一只飞雁，是单纯的底色上一点灵动的色彩，是山川美景中的一点生气，一点情调。

答：运用比喻手法，将小屋比作风帆、飞雁，化静为动，生动地描写出小屋给无际的山川增添了生气与情调，是山美丽的点缀，表达了作者对小屋的喜爱之情。

B. 我只觉得出外时身轻如飞，山路自动地后退；归来时带几分雀跃的心情，一跳一跳就跳过了那些山坡。

答：运用夸张手法，生动地写出从小屋出去和回到小屋时的轻快与快乐心情，突出小屋之美与作者对小屋的喜爱之情。

③仔细阅读文章第九自然段，揣摩“领土”“领空”“有限”“无限”以及“开放性的院子”等词语的深层意味。

答：“领土”“领空”都有其特定的意义，这里特指作者专有的小屋、花园、小路等，表达出作者对拥有自由和独立天地的欣喜豪迈之情。“有限”与“无限”对举，是说身体的活动空间虽小，但是心灵的活动空间却无比广阔，展示出作者自由而开放的心态。“开放性的院子”在这里比喻无限的“领空”，表明作者已经完全与大自然融为一体。

④“一切景语皆情语”，作者在对“小屋”的描写中蕴含了自己怎样的思想情感？

答：作者穷尽笔力写自己心爱的小屋，并不是纯客观地写小屋，而是在描写中处处渗透着作者的主观感情，使各种各样的景物带上强烈的主观色彩，寄寓着作者的主观志向和情趣。因此，这些外在景物实际上是作者内在精神的体现，所谓小屋、绿树、花、山，它们的活力、轻灵、自由、开放，无不是作者自身精神外化了的景物特征。由此可以推知，贯穿于全文的对小屋与周围环境的描摹与赞美，强烈地表达着作者对自由生活、独立人格的追求与向往，这就是“景语”之中蕴含的“情语”。

四、写作表达题

15.【例文】

此心安处是吾乡

尼采曾说：“谁终将点燃闪电，必长久如云漂泊。”从我们呱呱坠地之时，便开始了一步步远离故乡的漂泊之旅，而这漂泊之旅的尽头不是弥望的云海，而是内心的归处，是灵魂的归巢。与其在离开的路上频频回首，哀叹那“薄暮寒蝉三两声，回头故乡千万里”的孤寂，不如怀着“埋骨何须桑梓地，人生无处不青山”的壮志去寻找心灵的故乡。

所谓“故乡”，不止是生养我们的一方水土，更应是心灵的依托、文化的原乡。我们终其一生所追求的，不是老死在生养自己的土地上，也不是囿于故乡而去追念归属感，而是听从内心，无问西东，在心灵的指引下回到灵魂的栖身之所。“故乡”不能成为我们止步不前的借口。

毛泽东出乡求学时将纸条藏在父亲的账簿里，其中写道：“孩儿立志出乡关，学不成名誓不还，埋骨何须桑梓地，人生无处不青山。”正是有了这种“不为乡所累”的气概，才有了他指点江山、挥斥方遒的潇洒姿态。

但追求内心的归巢并不是放弃脚下的故乡，同时故乡也不应成为脚下的绊脚石，而应成为一种内在的文化符号，成为游子远游时内心的动力。这种动力是明明白白地知道自己的根在哪里，知道自己还有个依靠。这种故乡的符号是沈从文念念不忘的凤凰古城，是莫言笔下魔幻神奇的高密乡。他们在远行时就把故乡装在了行囊之中，融入了自己的创作之中。也正是这种文化符号，让黄大年作别康河的水草，归来做祖国的栋梁，让华罗庚感叹“锦城虽乐，不如归故乡”，让秦玥飞耶鲁归来，甘当人民的村官。乡情不是阻碍人们走向大千世界的牢笼，而是远行之人内心的归属感。

人终其一生追求的，是心中的故乡。但若放下乡愁，无牵无挂地为他乡的新世界而欢欣，那人生的重量未免轻了一点。乡愁是一个人对生养自己的土地所积累下的最深厚的情感。俗话说：“一方水土养一方人。”一个人的气质里藏着他所见过的山川湖泊，有他吃下的粟米与饮过的清泉，一个人若是完全背弃了自己的故乡，放下了乡愁，那也就不成完整的人格了。

此心安处是吾乡，故乡既不是脚下的牵绊，也不是前进的阻碍，而是我们在寻找心灵的归巢时，情感上源源不断的动力！

教师招聘考试中学语文终极密押试卷(四)

一、基础知识题

题序	1	2	3	4	5
答案	A	B	D	B	C

1. A 【解析】本题考查字音的辨析。A项,bì/bài,piāo/piào,dǐ/zhǐ,zhàng/chāng。B项,zhǎng/zhàng,biàn,miù/móu,bì/pì。C项,tiāo/tiǎo,fēn,jiè/xiè,kuí/kuì。D项,chuò,jié/jiē,mǐ,jiàn/jiān。
2. B 【解析】本题考查成语的运用。A项,苦心孤诣:指费尽心思钻研或经营,达到别人达不到的境地。用在此处符合意境。B项,举案齐眉:形容夫妻间互敬互爱。此处对象用错。C项,颐指气使:不说话而用面部表情或口鼻出气发声来示意,形容有权势的人随意支使人的傲慢神气。用在此处符合文意。D项,顺水推舟:比喻顺应趋势办事。用在此处恰当。
3. D 【解析】本题考查字形的辨析。A项,"雕象"应为"雕像"。B项,"账篷"应为"帐篷"。C项,"溶入"应为"融入","极至"应为"极致"。
4. B 【解析】本题考查修辞手法的运用。B项,运用了拟人的修辞手法。A、C、D三项运用了比喻的修辞手法。
5. C 【解析】本题考查教学评价的理解。终结性评价着眼于某门课程或某个教学阶段结束后学生学业成绩的全面评定,因而评价的概括水平一般比较高,考试或测验所包括的内容范围也比较广,评价的次数不多,一般是一学期或一学年两三次。学校中常见的期中考试、期末考试以及毕业会考都属于这类评价。
6. (1)以先国家之急而后私仇也
(2)引壶觞以自酌
(3)春江花朝秋月夜
(4)石破天惊逗秋雨
(5)其孰能讥之乎
7. 适应社会;服务社会
8. 多积累;语言文字运用

二、阅读鉴赏题

9. 【参考答案】(1)第一句中的"临"字点出了滕王阁的居高之形势,它下临大江,可以远望,可以俯视。下文的"南浦""西山""闲云""潭影"和"槛外长江"都是从第一句"高阁临江渚"引发出来的。
(2)首联的下句由今及古,遥想当年兴建此阁的滕王,坐着鸾铃马车,挂着琳琅玉佩,来到阁上,举行豪华繁盛的宴会的情景,那种豪华的场面,已经一去不复返了,诗人不禁产生了盛衰无常的怅惘。尾联指出帝子要死去,而槛外的长江,却是永恒地东流无尽,进一步抒发了人生盛衰的无常和宇宙永恒的感慨。
10. 【参考答案】(1)C 【解析】原文标点为:"昔张说被窜,匿陈氏以免。今若诏书下,谁敢庇公?愿公乘扁舟遁去,事宁乃出,不亦美乎?"陟慨然曰:"命当尔,其敢逃刑?"
(2)A 【解析】A项,汉字形体类别还有甲骨文,且草书、行书不在其列。
(3)D 【解析】D项,"他不顾皇帝的劝阻,去安抚曾经参加过叛乱的季广琛"说法错误,皇帝没有劝阻韦陟去安抚曾经参加过叛乱的季广琛。
(4)①韦陟允许考生自己通报所擅长的学问,先就考生擅长的方面考试,然后再按照常规考核,因此不遗漏人才。
②皇帝一向听说韦陟的名声,想要倚重他做宰相,到这时韦陟来凤翔有所拖延,皇帝怀疑他有观望之意,只授任御史大夫。
11. 【参考答案】(1)①父亲空有天下家国情怀,却不被周围人理解,这种孤独和感伤伴随着历经沧桑的父亲,他那寂寞、失望的一生是多么漫长。
②父亲生活在偏僻的乡村、无人注意的角落,却拥有对人生的苍凉感受和对国家深厚的关怀。这种天下意识是一种令人赞叹的文化现象,拥有这种感慨和情怀的父亲是一个值得赞叹的人物。
(2)①父亲是一个农民,却有着读书人的情怀和气质。②对人情冷暖、世态炎凉有着深刻感受和认识。③刚烈慷慨,仗义重谊。④具有深厚的家国情怀、天下意识。(结合全文略)
(3)①从内容的角度看:引述两首诗,丰富了文章的思想性和文化底蕴,使文章充满了人文性。②从表现人物的角度看:第一首诗,表现父亲对人情世故、朋友交往的深切体悟,对世态炎凉的深沉的感慨,对世界的失望和伤感,突出其人生的苍凉;第二首诗,表现父亲的天下意识,家国情怀,突出其思想的深沉——二者形成对比,表现了平凡、孤危、艰难的父亲,却有着宽广、仁爱、忠义的胸怀,创造了文化的奇迹。
(4)这句话表达了父亲临终时对"我"的期望以及对家国的忧心。经济负担重,希望"我"花钱不要大手大脚。做人负担重,希望"我"要不断砥砺自己的品格和修养。家国负担重,期待"我"要有家国的担当。

三、教学实践题

12. 【参考答案】《普通高中语文课程标准》(2017年版)强调:"精读古今中外优秀的文学作品,感受作品中的艺术形象,理解欣赏作品的语言表达，把握作品的内涵，理解作者的创作意图。”“要根据学生身心发展和语文学习的特点，保护学生的好奇心、求知欲，鼓励自主阅读、自由表达，激发问题意识，引导他们体验发现问题、解决问题的过程。”在阅读之初，向学生适当提供一些背景信息，将有利于学生主动阅读。不过，必须注意教师的指导不能取代学生的自主阅读。上述案例中教师在散文鉴赏教学之初，就简单化地将相关的背景信息尤其是带有明显态度倾向性的结论性意见直接传递给学生，这会对学生的积极阅读及独特感受和体验的获得产生极大的干扰及制约，是不可取的。

13.【参考答案】不多余。这一环节对下一步开展学生与文本、学生与作者、学生之间、师生之间的多方面、多层次的对话与交流是很有必要的。这一环节既培养了学生整体把握文本观点的意识，又通过提炼文本观点切实提高了学生的整体把握能力，还训练了学生的语言概括能力与表达能力，达成了新课标提出的“从整体上把握文本内容”“概括要点”的目标和要求。

四、写作题

14.【例文】

志气与争气

回首1931，展望2035，百年国运，百年沧桑；百年求索，百年激荡。一代人有一代人的使命，一代人有一代人的考卷。时代是出卷人，青年是答卷人，历史是阅卷人。作为当代青年，我们要继承前辈青年的志气，为历史交上一份争气的时代答卷。

这是一场我们躲不掉也输不起的考试。它事关我们每一个中国人的命运。事关百年国运之争，是一场只能用志气和争气来重铸民族自信的考验。

什么是志气？那是1933年，面对已经快要容不下一张书桌的祖国，29岁的郑大章毅然回国，只为了能给那苦难深重的祖国做些什么。什么是志气？那是1950年面对百废待兴的新中国，26岁的朱光亚写下《给旅美同学的一封公开信》，然后用自己的一生践行誓言。什么是志气？那是1989年迎来改革开放新时代的一代年轻人，用自己的勤劳和智慧，致力于让中国的名字屹立于世界的开始……

“志”乃士人之心，是能超越小我，胸怀家国的追求。对于华夏儿女，志气就是相信“中华一定强”。它是“苟利国家生死以，岂因祸福避趋之”的朴素爱国主义，它是“天下兴亡，匹夫有责”的民族共同体意识。它是千百年来已然流淌在我们血脉中的民族信仰。百年国运之争，历史的时代考验，谁人能躲？谁人敢躲！

躲不掉，更输不起。曾经的“华人与狗，不得入内”，曾经的“量中华之物力，结与国之欢心”……这就是“输”的结局。所以，光有志气还不够，我们还需要争气，争气才能让志气化为底气。

命在己，运靠争。曾经一代青年“一寸山河一寸血，十万青年十万军”，拼出了一个山河无恙；曾经一代青年“雄赳赳，气昂昂，跨过鸭绿江”，打出了一个民族的独立自强；曾经一代青年“勒紧裤腰带，就是一万年，也要搞出原子弹”，争来了国家的尊严和希望；曾经一代青年“有条件要上，没有条件创造条件也要上”，搏出了今天的崛起与辉煌……这就是争气！“士不可以不弘毅。”弘毅就是争气，是一份面对时代考验“千磨万击还坚劲”的拼搏意志。唯有如此我们方能让志气变成底气。

现在该我们挺膺入局，争出一个新时代了。当今时代被称为“百年未有之大变局”，这不应该只是对时代波诡云谲，暗礁遍布形势的描述，更应该是对我们当代年轻人能积极作为，最终推动变革的赞美。正如“80后”“90后”青年们已然在中美高科技之争中悄然绽放，推动历史奔向远方。

百年志气，百年争气；百年呐喊，百年回响。回眸处，那是曾经的代代青年们在时代考验前不屈的眼神，那是他们对我们源自血脉认同的深情凝望；抬首时，那是新一代青年坚定的赶考步伐，那是以志气与争气重铸民族自信以告慰先辈的誓言。这盛世必如你所愿，如我们共同所愿。